紧拉慢唱集

张策／著

群众出版社·北京

图书在版编目（CIP）数据

紧拉慢唱集 / 张策著. —北京：群众出版社，2016.10

ISBN 978-7-5014-5574-4

Ⅰ.①紧… Ⅱ.①张… Ⅲ.①散文诗—中国—当代 Ⅳ.①I267

中国版本图书馆 CIP 数据核字（2016）第 225844 号

紧拉慢唱集

张 策 著

出版发行：群众出版社

地　　址：北京市丰台区方庄芳星园三区 15 号楼

邮政编码：100078

经　　销：新华书店

印　　刷：北京普瑞德印刷厂

版　　次：2016 年 11 月第 1 版

印　　次：2016 年 11 月第 1 次

印　　张：7.375

开　　本：880 毫米×1230 毫米　1/32

字　　数：180 千字

书　　号：ISBN 978-7-5014-5574-4

定　　价：36.00 元

网　　址：www.qzcbs.com

电子邮箱：qzcbs@sohu.com

营销中心电话：010-83903254

读者服务部电话（门市）：010-83903257

警官读者俱乐部电话（网购、邮购）：010-83903253

文艺分社电话：010-83903973

目 录

第三辑　竹林剪影

第四辑　花间小酌

第五辑　京城走笔

序

弹指之间

晨起，有雾，城市朦胧，阳光斑驳。开车上路，道旁景物如常平淡。但心情有异。因为屈指算来，在这个世界上，我已经活过了21535天。而今天，是我的59周岁生日。两万多时日，天天见这寻常风景，只是生命与我，已是老朋友。从初识的不珍惜，到今天的彼此眷恋，时间划过一切，依旧归于无痕。

无痕亦有痕。痕在心底，只是无从寻觅。人的心最深，深到自己都不知道有些什么。传说，人在濒临死亡的时候，记忆会自动回放一生的时光。到那时，好也罢了，坏也罢了，一切留恋或遗憾都不再有人了解。说到底，人的生命总归是自己的。

所以，不如把握当下。但当下又是何处？世事纷杂，芸芸众生，常见有人愤懑，有人感伤，更常见有人沮丧。车在路上行，一张张面孔从车窗边掠过，似相识似不相识，总有些熟悉的表情触动你。心弦拨动处，却不知道旋律是什么。

常感叹世事无常。这两万多天里，有多少认识的人离开了我们？最可叹一位老同学，悄然关闭了一切和外界联系的通道，把自己沉入了茫茫人海。为什么，没有人知道。这样的离去，还不如死亡的召唤。因为人死就不再有希望，但她，却残酷地让同学们唏嘘。

常想，其实人来到这个世界，一切认知都从与其他人的接触开始。母亲的脸，应该是你认识的第一张面孔了。随后，人面纷纷，如桃花，如鬼魅，桃花者教你爱情，鬼魅者让你恐惧。也有形同凶恶却心地善良，或道貌岸然实是势利小人。辨别人心的本领，是要自己揣摩的。也许一辈子了无心机，也罢，离开这个世界时落得一片冰心。

所以，人是教科书，读不完的。

所以，在59岁这天，回过头来，试图从记忆里拉回认识的每一张面孔。回忆这些面孔，也就是回忆自己的一生了。但这也是枉然。因为，过客匆匆，哪里会记得那么多呢，再说，总有些人，还是你想从记忆中清除的。

但是，作为一个文字爱好者，总是会将一些人记录下来的。仿佛借助了文字，在大脑皮层上，印下一张张的相片。这样的一些人，当然是心存亲切的，至少，是我曾为之动容过的。他们就如傍晚暮色中的路灯，虽不能照亮心灵，但也在我略显暗淡的车窗上，留下了一个个光点，跳出了一星亮色，让我这孤独的行者，能关照到自己的脚印。

于是，留下这本《紧拉慢唱集》。重叠的影子，虽乱乱的，但温暖而贴心。如京剧舞台上的紧拉慢唱，生活的节奏虽快，却是有舒缓的旋律的。

2015年10月59周岁生日有感而发

第一辑　长堤漫步

侦探小说之中国流派的形成

——兼评张蓉的《透过指缝的双眼》

侦探小说在中国始终是一个被边缘化的文学样式。处境犹如石缝中的野花，顽强而艰难地绽放着。究其原因很复杂。譬如说社会的浮躁化，侦探小说创作和阅读上的智力要求已让不耐烦的现代人望而却步。譬如说文学本身的时代蜕变，囿于侦探小说自身的艺术特性，显然落后于诸多弄潮儿式的游戏文字。甚至，譬如说民族的文化特性。有专家以为，中华民族崇尚孔孟文化中庸之道，缺乏严谨、细致、刻板的处事原则，而这些原则，可以说是侦探小说的灵魂所系。

关于民族性的问题，专家们的见解不能说没有一定的道理。侦探小说，是一种社会性很强的文学样式。而所谓社会性，必然反映出一个民族的文化特征和性格特征。世界上侦探小说水准较高，也最受到读者欢迎的国家是日本和英国，这已为侦探小说界所公认。而这两个民族确实是以某种严谨的特征而著称的。美国侦探小说也拥有大量的读者，但美国侦探小说的发展已趋向于犯罪小说、惊悚小说、恐怖小说等样式的融合。这其实也和美国的民族多元文化有关。我还以为，社会性同时必然反映了社会制度和社会政治生活形态，中国的社会主义制度注定了中国侦探小说必然要走和其他西方国家不同的道路。这种不同，甚至是本质上的某种不同。

但中国侦探小说仍然在健康发展着，这也是不争的事实。

这种发展基于两个主要原因。一是侦探小说本身的艺术魅力和当今文学发展的某种倾向契合。侦探小说的激烈情节、精巧结构、鲜明人物和直面社会的主题，都是今天文学发展变化的题中之意。二是文学本性的回归使侦探小说彻底摆脱了概念化影响而更加凸显了自身的艺术规律。我们应该承认，中国文学目前虽然趋于小众化，但文学本身的意义日益突现，个体风格日见鲜明和多样化。侦探小说也不能不受此影响。用句直白的话说，读书的人尽管少了，爱书的人仍然爱书。

如果说还有第三个原因的话，那么中国侦探小说创作队伍的日益成熟，也已经使侦探小说中国流派的雏形呈现在广大读者面前。近日拜读了青年女作家张蓉的侦探小说集《透过指缝的双眼》，这种认识更加明晰起来。

研究中国侦探小说，研究侦探小说中国流派的形成，不能不首先谈到公安文学和侦探小说的关系与区别。有研究者认为，公安文学就是侦探小说，或者更进一步说，侦探小说是公安文学的组成部分。在这种认识引导下，众多的公安小说被认为是侦探小说，包括笔者的中篇小说《无悔追踪》。但我认为，这种说法其实混淆了很多概念上的东西。侦探小说，或称侦探推理小说，是一种世界范畴内的文学样式的称谓，而公安文学，是中国特色的一种题材划分，更准确说应该称之为公安题材，和工业题材、农业题材、知青题材一样，是一种从描写对象上进行区别分类的提法。其实，公安题材文学作品，可以用侦探小说的手法写，也可以借鉴和使用其他文学样式。如曾获鲁迅文学奖的优秀短篇小说《一个人的张灯结彩》，细腻的人物刻画和景物、心理、气氛的描写，从样式上说应该算是一篇纯粹的“纯文学”作品

（尽管“纯文学”的概念也并不准确）。

综上所述，侦探小说和公安题材文学作品从概念上说是有区别的。它们唯一的共同之处可能只是涉及警察（仅指中国侦探小说而言）和案件而已。公安题材文学作品，特别是小说，以描写公安人员和公安机关的工作生活情感为主题，其间涉及的案件一般只是为人物的活动提供一个背景和舞台，对于案件侦破中的细节，特别是分析、推理过程不涉过多的笔墨，作者更不会在其中进行更多更精巧的设计。换句不完全准确的话说，公安题材小说是事件跟着人物走，而侦探小说更多是人物随着事件的发展而发展。读者在侦探小说中更多体味的是那种剥茧抽丝式的分析、推理、解谜过程，是一种智力游戏般的快感。

回到张蓉的《透过指缝的双眼》。这部侦探小说集，以探长莫高和助手梅一辰为主人公，串起十三个案件的侦破过程。和有名的大侦探福尔摩斯、波洛等形象一样，作品不过多交代主人公的身世背景、家庭情况、情感世界（公安题材小说每每是需要这些描写以塑造人物的），而只集中描写他们在侦破过程中的分析推理，展现他们的智慧和正义感（当然也有人物性格的刻画，但一般局限于外部特征）。作者在小说中最下功夫的，是案件细节的设置和解谜过程，是案件的离奇情节和层层推进的探寻。从这个意义上说，《透过指缝的双眼》是典型的侦探小说样式。张蓉的创作在中国侦探小说界就此奠定了她的地位。

我们分析张蓉的创作，可以从中看出中国侦探小说流派的初步形成与成熟。我认为，它具有以下几个突出特性：

一是展现了中国特色的社会形态。我们知道，侦探小说是直面社会的文学样式。这是因为任何案件都离不开它产生的社会土壤，都和当下的国情、社情、民情有着千丝万缕的关系，甚至是直接的因果关系。情感的缺失，金钱的诱惑，价值观的倾斜，贫富差距的扩大，乃至贩毒、卖淫、剽窃、遗弃……都是当今中国风云际会中的林林总总，是一幅中国社会百态图。其实任何国家的侦探小说也是如此。案件必然是社会矛盾的爆发点，解谜的过程不可能不解出一个社会的某种霉斑和某种警示。

二是表现了中国特色的侦破过程。在中国，侦查破案的主体当然是中国警察。基于中国国情，人民警察是侦破工作的唯一执行者（也有个别作品以检察官、法官甚至律师为主人公，但囿于客观实际，创作中必然受到很大局限），这是中国侦探小说流派与外国侦探小说最大的不同。这种不同不仅是身份的不同，而是随之而来的侦破思路、侦破方式和侦破技巧的不同。简单而言，中国侦探小说塑造的神探是离不开他的集体的，从某种意义上说我们展现的是集体智慧的结晶，而不是西方作品中的孤胆英雄。当然，从小说创作上说，主要人物当然是要突出的，但这种突出和个人英雄主义有本质的区别。

三是形成了中国特色的创作技巧。这指两个方面，即继承中国传统公案小说的特点和吸收西方侦探小说的创作经验与技巧。这二者的关系是辩证的，是融合的。仅从张蓉的作品看，笔法似乎偏于西方文本的色彩（特别是精细的细节设置和推理过程），但故事都是纯粹中国的故事，而其中顺藤摸瓜层层递进的手法，又巧妙糅合了中国传统小说的某些技巧。特别是情感色彩的强烈，和西方侦探小说的某种冷峻截然不同，形成了自己的特点，也形成了侦探小说中国流派的一种特征。

四是体现了中国特色的情感世界。侦探小说永恒的主题是正义战胜邪恶，美好征服丑陋。这种黑白分明的对峙注定了作品情感色彩的强烈。但是，和西方侦探小说，特别是近现代侦探小说相比较，中国侦探小说作品的情感色彩更鲜明，更清晰，也更能体现中国特色的

“善恶有报”的传统意识。在中国侦探小说中，对犯罪分子很少同情。即使像张蓉这样的女性作者，在是与非的界限上仍然鲜明，在剖析犯罪根源时尽管有惋惜，但更多的是批判，是警示。我认为，这正是中国侦探小说的优秀之处。

以上的四点，我认为在侦探小说中国流派的形成中具有普遍意义，是中国侦探小说主流作家们基本遵循的创作规律和特点。当然，作家们的个性特征都是鲜明的，也正是鲜明的个性让中国侦探小说异彩纷呈。蓝玛的冷峻幽默，李迪的饱满激情，彭祖贻的平实朴素，张蓉的细腻精巧，蒋海云的冷静明晰……作家们用自己独特的创作丰富着侦探小说中国流派的内涵，也在中国侦探文学的画廊里树立了一个个如莫高一样的优秀警察形象。

也应该看到，国内有不少年轻作家，特别是网络作家，近年来对侦探小说的创作做出了大胆的突破和尝试，也取得了相当的成绩。在使侦探小说重新获得读者，特别是年轻读者的喜爱上，他们功不可没。但是，应该指出的是，这一类作品普遍存在两个倾向，一是完全模仿西方侦探小说的笔法，人物设置、案件设计都脱离中国国情。二是过分的离奇编造，把创作的重心放在了营造恐怖、怪异的气氛上。因此，我认为这一类作品尽管丰富了中国侦探小说的品种，但称不上中国侦探小说的主流。

侦探小说中国流派的逐步形成，是一件好事。但是，我们前面的路还很长。目前，大多数的作家和作品还不够成熟，在长篇侦探小说的创作上，更缺少成型的优秀作品。在使中国侦探文学走向世界这个课题上，我们也还交不出满意的答卷。从这个意义上说，最新出版的张蓉这本《透过指缝的双眼》，是中国侦探小说发展中的一个新的台阶，它承载的是我们日益坚实的脚步。

关于公安文学新作的老生常谈

——从张文潮的新作《警长和他的哥们儿》说起

近来有闲暇，读了些公安文学新作。所谓新作，当然不仅仅是就发表时间而言，而是说一来作者新，二来内容新。新与新的叠加，便是可喜可贺的事了。喜悦之余，却多少有些话想说，说就要有个由头，想想，就从张文潮的中篇小说《警长和他的哥们儿》说起吧。好在文潮是多年的老朋友，有些话直说也无妨的。

日常与许多系统外的作家朋友聊天，都对公安文学创作素材的丰富艳羡不已，最常听说的一句话是“听个故事就是小说”。确实，在一个和平的年代，似乎只有警察的生活才和“惊心动魄”、“出生入死”、“跌宕起伏”这些词汇有关。由此说来，公安作家们确实有着得天独厚的题材优势，特别是那些本就在基层工作着的作家们，如张文潮。

文潮是个优秀警察，多年工作在派出所、刑警队这样的基层单位，至今也还是一名基层民警。他对文学创作有着深沉的热爱，繁忙的工作之余笔耕不辍，写过话剧，写过电视剧，当然也写小说。不必讳言，他的创作走过些弯路，这篇《警长和他的哥们儿》的初稿也不甚理想，据说反复修改过多遍。但，功夫不负有心人，《警长和他的哥们儿》最终刊登在《啄木鸟》的头条位置，当算是出手不凡了。

我认为这篇小说有两个突出的长处。一就是占有素材的丰富。人物形象、对话语言、故事构架，显然都是现实生活的再现，是北京民警活灵活现的生活描拓。文潮的文学功底很好，丰富的素材在他笔下显得游刃有余。例如那段对“第三警区”几位“爷”的刻画，其生动、活泼的语言使人物呼之欲出，令读者拍案叫绝。而“爷”们的状态完全来自现实生活，凭空想象是编不出来的。二是故事结构的准确。文潮经过不懈的努力，终于掌握了讲好一个故事的本领。主人公帮战友买了一张彩票，当战友突发重病生命垂危的时候，这张彩票中了大奖。他义无反顾地将本来没有人知道的彩票还给了战友的妻子。故事至此并没有结束。在战友的追悼会上，主人公发现，本来正与战友办离婚手续的妻子已经将彩票还给了战友的母亲。而这位母亲，将彩票放进了儿子的衣兜。故事一波三折，情绪逐步递进。特别要提出的是，这位妻子是刑警，而这位母亲是警校的教师。至此，文潮完成了对一个警察家庭精神世界的完美诠释，也写出了警察战友之间的无私情感。故事讲到这儿，不禁让人潸然泪下。

这就把故事升华到精神和情感层面了。难能可贵的是这种精神和情感也是真实的，是警察这个群体中的普遍价值观，是从警察的工作与生活中凝聚和养成的，也是张文潮用文字准确地把握和提炼出来的。

从这个意义上说，《警长和他的哥们儿》这篇优秀小说，还有我近来读到的其他公安文学新作，都是公安现实生活这块肥沃的土壤里的产物，它们带着新鲜的生活气息，像一股清新的风，扑面而来；又像一团炽热的火，温暖着每一个读者的心。

当然，事物总有两面。在这些令人欣喜的作品中，我也读出了一些同样是由于素材的丰富所带来的不足和缺陷。这个话，就是老生常谈了，是我们说过多次的话题，其实也是公安文学创作整体上的一个重要不足。我们的作者往往沉醉于丰富而又感人的生活素材中，不知不觉地忽略了文学的剪裁和取舍。就像一个饥渴的人，急切地扑到清泉里，却没能有意识地咂出泉水的甘美滋味。

回到《警长和他的哥们儿》。说实话，我最欣赏的段落就是对“第三警区”的描写。但正是这段精彩的文字，其实在这篇小说中与故事主线并没有太多的关联，这几位“爷”在故事中的作用并不突出，甚至没有发挥作用。我很了解，文潮是对这几个战友有太深的感情了，他舍不得放弃他们。其实，这几位的故事完全可以另成一篇作品的，那也必将是一篇精彩的好作品。

对生活的描拓应该是真实的，但真实并不等于自然主义。而沉醉其中往往是作者笔下过于自然化的缘由。我们常讲的“源于生活高于生活”，是一种创作自觉，讲深一点，更是一种文化自觉。对生活素材太过迷恋，就容易在取舍和提炼上出现问题。文潮的作品中不时有一些东西是我不太喜欢的，如民警之间的一些小调侃，这对作品整体来说，用得好是味精，用得不好就是毒药了。

说起来很有意思，从我们一些同志的作品中我可以大致猜出他们的职业。如一位法医身份的作者，作品中涉及有法医的情节就细致得不得了，大篇幅的术语像一篇完整的法医报告。我敬佩大家对自己职业的热爱和责任感，但常想，如果从作品上看不出作者职业的太多痕迹了，是不是说明我们在文学上更进一步呢？

要学会用文学的思维来看待我们火热的生活，就像我们常说的一句俗语：“要跳出公安来看公安”。在这一方面，我建议新作者们，要从学会剪裁入手，把自己心里那丰富多彩的一切，精心梳理成文学的美丽篇章。

我期待着大家，也期待着我的老朋友张文潮。

附记：和张文潮相识多年，也有过文字上的合作，所以很熟识了。他是个典型的北京爷们儿，豪爽，热情，有点儿混不吝的劲儿，一如他笔下的人物。他至今在北京市公安局基层派出所工作，每天巡逻在繁华的王府井大街上。我钦佩他对文学的执着，所以写下了这篇东西。还因为，我也曾是一个北京的警察，和文潮要以战友相称的。

文学与公安文学的纠缠

——兼评唯阿的小说创作

这是一个本身就有些纠缠的题目。

从一般意义上说，文学与公安文学的关系，应该是明晰而准确的，是总纲和类属的关系，是主题和子题的关系，是主干和分支的关系。纠缠，似乎无从谈起。其实认真而言，公安文学这个提法本身就有争议，就被很多评论家斥为伪命题，因为以描述对象来划分文学种类，确实是不够科学的。

但公安文学，或称公安题材文学，和军事文学、金融文学、工业文学等诸多文学题材一样，约定俗成地存在着，发展着，在文学的大格局下生机勃勃地坚守着某种个性。因此，似乎也就有了研究公安文学和文学之间关系的必要。而我思考的结果，觉得纠缠这个词句，对于目前这种关系的定位，还是比较准确的。

由此说到唯阿。唯阿，本名牛筱刚，“废都西安出生，特区珠海谋生，南京大学中文系毕业，鲁迅文学院研修”，中国第四届后天双年度艺术家奖获奖者，“被公认为中国七零后先锋小说家中的杰出代表”。以上引号内文字，均引自唯阿新作《嘘，大海》扉页的作者简介。我要补充一句的是，唯阿，或称牛筱刚，还是珠海市公安局的一名基层民警。也许，在写小说时他是唯阿，在执行公务时，他就是牛筱刚了。是他这样的双重身份，是他在工作与创作之间的某种纠结，最终确认了我的文章题目：文学与公安文学的纠缠。

对于公安文学和公安文学作家的界定，曾经争论很久。最后基本能达成的一致意见是：凡以描写公安工作和公安民警为主的文学作品，均可视为公安文学；凡在公安机关工作而从事文学创作的人，均可视为公安文学作家。这说法当然也存在争议，如一位非公安机关的作家，却写了一辈子公安故事，那他是否是公安作家呢？这种问题我们暂且存疑，因为世间没有什么事物具有绝对性。而如按照上述界定来看唯阿，他当然属于公安作家行列。而且，他还曾毕业于鲁迅文学院的公安作家研修班。但不可否认的是，唯阿的作品较少涉及公安工作和公安民警。甚至，他在写先锋小说，在写似乎与这个世界距离比较遥远的一类文学作品。因此，我们似乎也可以问出这样的问题：唯阿还是公安作家吗？

关于先锋小说，一般的概念为：不遵循传统小说的叙事结构，实验性强。特点为：一，打破叙事者与读者的界限，混淆之间的区别；二，注重技巧，要求实验性文本，与传统的故事生动大不相同；三，角度和视野开阔，向西方的承继性很大，摆脱传统故事性的道路和传统视角。从这些特点看，显然与以现实主义为标志的公安文学差异很大，甚至南辕北辙。必须承认，唯阿的小说创作在公安文学作家中，是一个“异类”。

如果从公安文化建设的角度看，唯阿的存在在某种意义上标志了当今公安机关各级领导对公安文化工作的重视和对文化人的宽容。起码，我们在珠海市公安局关于文化工作的汇报材料中，可以看到唯阿的创作成果位列其中。这当然是好事。但我不想在这里谈行政部门的重视与否，而仅仅探讨文学本身的价值。那么，身为公安作家，却较少写公安文学作品的唯阿，和与唯阿类似的一些同志，他们的存在对于公安文学的意义在哪里?

文学与公安文学本不应该有纠缠的，一棵树上长出的枝叶，和树干去纠缠，有点匪夷所思。但这种纠缠确实由来已久。原因大概有二：一是基于行业文学的某种特殊性，公安文学的发展从起始就和公安宣传工作相随相伴，甚至是脱胎于宣传和新闻；二是公安系统作家，特别是早期公安作家大多是做宣传工作出身，系统的文学素养相对薄弱，所受教育不足。公安文学，虽然是文学，但不可否认的是血液里有着似乎去除不掉的新闻DNA。用个不十分准确的比喻，就像是植物繁殖中的嫁接了，这就构成了文学与公安文学之间的痛苦纠缠，甚至，可以称之为挣扎。

在创作中，公安作家们常纠结着下列这些问题：是独特的强烈情节设置和曲折的故事架构，还是过于偏重真实案件的写实性记录？是朴素、直白的语言风格，还是过于新闻感的原始状态表述方法？是粗粝、豪放、强烈的艺术特征，还是不管不顾、刀劈斧砍般的放纵笔意？好与劣，高与低，雅与俗，文学与非文学，其实有时候只是一窗之隔。可悲的是我们往往认识不清，只顾站在文学的窗外，甚至是站在文学的窗台上，有点茫然地欣赏自己非驴非马的作品。

时至今日，公安作家队伍已经新人辈出。对于文学本质的认识，对于文学创作技巧的运用，对于中国乃至世界文学的前沿理论与实践的了解，他们均已不再陌生。但是，由于绝大多数公安作家身处公安工作一线，肩负繁重的工作任务，创作时间的短缺、文学眼界的狭窄、领导指令的干扰，仍然是羁绊他们在文学道路上前进的绳索。如唯阿，曾任基层派出所民警，现在公安分局办公室写材料；文学，只能是他茶余饭后的消遣。按说，唯阿的创作环境也存在着诸多的艰难，而他的“消遣”，顽强地坚守了他的文学追求。我以为，对于公安文学而言，这是非常有意义的。

这种意义在于他有意无意地摆脱了公安工作本身对他的束缚，努力在追求着文学的纯粹。公安工作于唯阿而言，更大意义上说是生活，是生活素材。他剥离了这些素材中的社会意义，提升了文学本体的内涵，甚至以哲学思维解析了这些生活素材。我以为，唯阿的意义在于他身为一个公安作家，最大限度地重视了文学本体，重视了文学在语言、结构、文本上的艺术探索。他的这种探索，在文学意义上为公安作家们树立了一个榜样。

当然，我并不提倡公安作家们都脱离对公安工作和公安生活的关注，去追求个人的所谓艺术个性。如果那样的话，公安作家群体也就不复存在，公安文学失去了公安特性，也就会迷失在世俗的海洋里。公安文学这个有争议的定义之所以存在，就在于它鲜明的职业特点，和由此带来的鲜明的艺术特性。我要说的是，我们的公安作家们，应该在自己的创作中加强对文学本体的重视，加强在艺术本质上的追求。从这个角度说，唯阿的创作，从艺术层面而言有几点是非常值得我们借鉴的。

一是思维方式的文学化。一位优秀的文学评论家，在靶场打出一发子弹，就放下了手里的枪说：这时的感受，够写一篇短篇小说了。我在某个座谈会上分析过这个例子：她的感受如果仅仅是战胜初次打枪的恐惧，那么她会打下去。这就是我们日常的普通思维。而她在那“一篇短篇小说”之后不再打，我们就可以推断她所想到的，更丰富也更深刻。这显然就是文学的思维。唯阿的作品，处处充盈着这种文学思维，独特，夸张，耐人寻味。如：“她不在的时候，我有自己根深蒂固的忧思相陪伴。等忧思在静默中如烟一样消散，一些现实的因素开始复活，我就会坐到沙发上，并且深切地感受到复活的现实其实与幻想幻象一样的空虚。”又如：“在南方写小说，有天生的劣势。这里太繁华太复杂太喧嚣，小说很容易成为超市里的手推车，装满琳琅满目的时髦物件……”唯阿在他的作品里，用文学的思维思考着自己的文学。

二是语言使用的精致化。唯阿的作品惯于用语言营造一种亦真亦幻的境界，支撑这种境界的是非常精致、充满可视性的语言。他曾在海岛驻勤，大海是他常见的风景。他笔下的大海是他独特的海：“落日躲藏在颗粒状的灰蒙蒙的天宇之内。云略微有一点红，如同一滴血在宣纸上洇开来。天空弯下来的弧度还算饱满，在看不清楚但显然不太遥远的远处和同样灰蒙蒙的大海连在一起。”“水似乎有点湍急的样子，并且呈现着深湛无比的青黑色。海水冲进来，撞上石壁，烂成一堆洗过衣服的肥皂污水样，然后聚拢起来，又向开阔的大海迅捷地撤去。”这种精心选择的语言，似乎在文章中有了个性化的生命力，表现出的是饱含唯阿自己情感的张力和色彩。顺便说一句，语言的精致绝非为精致而精致，精致是为了内容的更好表达和渲染。这一点，唯阿处理得相当好。

三是作品结构的独特化。唯阿的新作《嘘，大海》，自己标明是“新小说集”，或“实验小说集”。收入十九篇小说，“都很短小，六万字不到”。其实我们从文章结构上看，几乎可以说是散文，是寓言，是杂文。在这六万字的小说之后，他又附录了近五十篇随笔。所有的文章都与海有关，“总之都写于海岛，集在一起貌似没有违和感”。这样的组合，强调的是符号上的相连和内容上的恣意，结构灵活多变，不拘小节，似乎散乱的文字其实有着某种思想上和哲学意义上的关联，显示的是作者的思维敏捷和深邃，以及对传统的突破和颠覆。精心营造的大结构，看似无序，其实有着内在的节奏和韵律。

总之，作为一个优秀的先锋小说作家，唯阿对文学本身的追求已经成为一种自觉。而这种自觉正是从事公安文学创作的作家们所应学习和借鉴的。我们每每错误地以为公安文学作品重在情节冲突的激烈，重在对生活素材的依赖，而轻视或忽视文学本身，这是公安文学始终与文学在痛苦纠缠的根本原因。

先锋文学，是当代文学史进程中的一个重要文学现象，这是为文学界所公认的。请读者们注意的是，我们在这里无意探讨先锋文学的意义，而只是就公安作家唯阿的先锋文学创作，与公安文学整体做一个比照，进而，使公安文学与文学整体也做一个比照。这种比照应该为公安文学的发展提供一个坐标，即：坚持公安文学的特质，借鉴和吸收各种文学流派所长，使公安文学彻底摆脱新闻或者宣传的桎梏，当之无愧地成为中国文学殿堂里的佳品。

我曾经读到过牛筱刚创作的反映珠海市公安机关工作的报告文学作品，也堪称佳作。也就是说，牛筱刚，唯阿，也在自己的创作生涯中进行“两栖作战”。这其实也是公安作家们的一种常态。但在这种常态中培养和坚持自己的艺术风格，也是十分重要的。唯阿的先锋意识，与吕铮的激情、张蓉的精致、葛波的诙谐，等等，都是当今的公安文学中难得的。

最后，再提醒公安作家们一句，不要在追求艺术的同时丢失我们的特性和我们的筋骨与温度。瑞士结构主义语言学家索绪尔有一句名言：语言可以比作一张纸，思想是正面，声音是反面，我们不能切开正面而不同时切开反面。同样，在语言里，我们不能使声音离开思想，也不能使思想离开声音。在国内，也有评论家在批评先锋小说时指出：语言的狂欢在获得语言快感的同时也付出了文本意义丢失的沉重代价。因此，我们可以说，公安文学不要在获得文学意义的同时，丢失我们的思想和我们的个性。

公安文学画卷中的一枝新荷
——评葛波的中篇小说《不相识的约会》

说起葛波，印象中作品不多，但却篇篇可圈可点。我给她的定义，是公安系统优秀的基层作家。优秀，自不必多说了，有作品在那儿摆着的。而特意点出“基层”二字，当然是一种强调。来自基层的文字，自然就有着基层生活的那种鲜活。如刚刚出水的莲荷，怯怯的，却有炫目的一种粉嫩。特别难能可贵的是，葛波用自己良好的文学感觉和活泼幽默的文字，精心地，在公安文学的人物画卷里，嵌入了崭新的人物形象。先是《警花柳米拉》里的柳米拉，现在又是《不相识的约会》中的邱萌萌。而邱萌萌，我以为是公安文学人物塑造中一个非常难得的成功例证。

曾几何时，著名作家苏叔阳先生对公安文学有过一句评价：“学会用文学语言说话了”。这是一种表扬，当然也是一种鞭策。咿呀学语的孩子都有个毛病，话比较多，似乎唠唠叨叨是一种常态。公安文学的产出，现在就呈现了一种遍地开花的井喷状态，作品迭出，确有发展繁荣之势。这令我们惊喜，却也令我们在惊喜中有所警觉。因为花开虽多，却也呈现出了一些乱象。尤其在人物塑造上，旧的窠臼虽然被打破，新的公式化却也已经隐约形成，重复的人物形象正在造成读者新的审美疲劳，同时也告诫着我们，在用文学语言说话上，我们还差得很远。

这不是危言耸听。近来读了几部公安作家的作品，文字上的精进不可否认，情节构置上的巧妙也为我们赞叹。但在人物的塑造上，雷同，已经隐隐成为一种常见病。

“典型”的形象大致有三：一是老黄牛型。兢兢业业，忍辱负重，家庭贫困而洁身自好，大多离了婚或正在离婚；二是英雄型，作风硬朗，刚直不阿，脾气火爆，雷厉风行，有一种泰山压顶不弯腰的气概；三是亦正亦邪型，有缺点，有错误，性格大大咧咧，群众评价有好有坏，关键时刻却能挺身而出……应该说，这三种（或更多种）人物形象都来自生活，也都具有一定的典型性，但是，不约而同的重复，于读者而言，却如同反复咀嚼的美食，甘饴过后终是味同嚼蜡。

更需指出的是，众所周知，中国公安队伍是一支年轻的队伍，所谓的“80 后”、“90 后”已经是工作主力。而在我们的文学作品中，年轻人的形象却不多。间或有之，却也看不大出年轻人的独有特征。

葛波的作品则不然。她的《不相识的约会》，全力塑造了一个活灵活现的年轻民警邱萌萌，一个在以往的公安题材作品中罕见的“80 后”，甚至是“90 后”的民警形象。

且看小说开篇邱萌萌的出场：

无论站着坐着，说话之前习惯性地要举手。不管生人熟人，问好时喜欢歪头勾勾手指。说话间常把脑袋伸到门里，身子还在外头晾着。打电话最容易激动，一手拿话机一手爱使劲儿，好像对方能看见。

嘴边常挂的字是“超”：超难吃，超麻烦，超速度。走不叫“走”叫“闪”，或者变身手指小人，食指中指“一二一”快跑。

亲近某人的致命温柔是一声“亲”，恨一个人的终极毒舌就是

"拍死他"。

常叹人生无聊，但字典里绝没有"无聊"二字。手机可以盘弄一整天，十字绣可以绣到手残……总有活儿干。

爱穿越，爱漫画，爱百度……没事爱在家死宅着，在床上挺一天都行。

自小方块字写得像狗爬，现在每分钟能摁上百十个字。最后连字都不用打，直接摁上字母、数字、符号和标点，保证想给看的人明白，不想给看的人糊涂。

人人、QQ、微博、旺旺……整天挂着45°低头瞪眼嘟嘴标准像，又或者是一只眼睛、一个后脑勺。

邱萌萌是个警察。

为毛上JX?（注：为什么上警校?）考砸了。

这是她的QQ签名。难得四年都没换掉。

如果没有之中"邱萌萌是个警察"一句，这一连串的细节描写，活脱脱写出一个当代少女形象。在细节中我们可以感受到的，是天真烂漫，是活泼率性，是对生活的热爱和对新事物的敏感。还有那么一些些可爱的幼稚。

葛波准确捕捉到了一个年轻民警的外部特征，她用这些生动的外部特征把读者吸引到她的文字中。然后，更重要的，接下来，她用跌宕起伏的故事和更多鲜活的细节，展现了这个年轻民警的内心世界和她的必然的成长过程。

从第一次执行追逃任务时令人啼笑皆非的全套野外装备，到执拗地给同龄逃犯邮寄漫画书；从和战友们一起经历荒山野岭的人熊大战，到为自己的领导精心制造破镜重圆的机会……邱萌萌的一举一动，在领导们眼里，似乎总有那么点不可思议，有那么点"卖萌"，但她的真诚，她的勇敢，她的年轻式的聪睿和科技特长，是最终得到大家认可的。而邱萌萌本人，也在斗争中成长了起来，直到把自己的QQ号改为了“为什么入这行？因为超喜欢”。

其实，在我们的公安队伍中，邱萌萌式的年轻民警已经比比皆是。在前不久的“清网行动”中，就有许多熟练掌握高科技技能的年轻民警崭露头角，他们凭借着科技的翅膀，在工作中真正实现了运筹帷幄决胜千里。而他们在我们的公安文学画卷中，应该承认，却真的还没有占据他们应该占据的地位。

为什么？原因当然很复杂的。但我窃以为，公安文学作家们观念上的落后是症结之一。这其实是老问题。就在中国文学阔步前进的时候，我们不是才刚刚“学会用文学语言说话”？长期以来，中国公安文学处于举步维艰的状态之中，而观念的落后是所有问题的核心。我们有不少作家，甚至是优秀作家，缺乏创新的自觉，故步自封在自认为丰厚的生活积累当中，不断地炒着冷饭。就像一位来自刑侦一线的作家说的，“我办过的案子这一辈子都写不完”。其实，他应该想想，即使是美味的冷饭，也是冷饭的。事实上，生活也在不断变化当中，积累也是一个动态的过程。葛波的成功在于她的敏锐，也在于她的思考和创新，她从生活里找到了邱萌萌，并且有意识地把她塑造成为公安文学画卷中一个崭新的典型人物。

还有她的小说语言，也值得一提。正是因为有了葛波生动幽默的语言风格，邱萌萌，才如一枝出水的小荷，鲜活地挺立在了读者面前。

葛波的作品当然还有不足。我读过的她的两篇作品《警花柳米拉》和《不相识的约会》，都在故事的剪裁和结构的设置上略有遗憾。但是，毕竟瑕不掩瑜，葛波对于当代公安文学创作的贡献，是值得我们赞赏的。

希望看到她更多更好的作品。当然，也希望有更多年轻民警的新形象，走进公安文学画卷。

附记：写这篇东西时还没有见过葛波，只是对于她的创作很兴奋，因为她突破了公安文学创作中许多有形或无形的窝臼，写出了新意。从事了多年的公安文学创作，我知道，突破是很难的，所以我一直期盼着。

小小说的迷人魅力

——从小小说《十日不见》说起

近日在《人民公安报·剑兰周刊》读到了几篇不错的小小说，深深感到小小说这种精巧如珍珠的文学样式，在令人眼花缭乱的今日文坛，仍然散发着迷人的魅力。

曾有评论评价中国作家协会铁凝主席的作品，说她的长篇小说关注的是命运，而中篇小说注重的是故事，短篇小说侧重的则是景象。这个总结很精辟，其实也符合文学创作的某种普遍规律。如果我们从这个论点引申开来，那么小小说则应该是生活的一个横切面。我们一刀切开一只苹果，那一瞬间应该是最汁水丰盈，最鲜美诱人的。这，就是小小说。

小小说并不好写。因为既然是小说，它必然要遵循小说的创作规律，要有人物，要有故事，但是这一切都被限制在一个极其短小的篇幅里完成，因而不可能多费笔墨去渲染和铺陈。因此，小小说最吸引人的，应该是一种鲜活、隽永，让人意想不到且回味无穷的韵味，和特意营造的某种悬念和想象。据说某个国家曾经举办过一次最短小说大赛，限制条件就是要有悬念。最后获奖的小说只有一句话："世界上最后一个人在屋里坐着，突然响起了敲门声……"毫无疑问，这是一篇优秀的小小说。

写小小说是很要文字功力的，遣词造句，惜墨如金，几乎每一个字都要用得准确、恰当，而且要有喻义。写小小说还要有丰富的想象力，在极短的篇幅里讲清深刻的意味蕴含，故事的结构、人物的设计、氛围的营造，都要有“四两拨千斤”，举轻若重的意识。小小说《十日不见》（见 2015 年 7 月 31 日《人民公安报 · 剑兰周刊》）的结尾，就非常巧妙：得知心爱的男孩儿终于回来了，陈梦瑶不管不顾地冲进公安局大门，保安拦住她说：“登记登记!”她心里笑道：“会的会的!”读过前文我们知道，梦瑶姑娘一直是对缉毒警周刚的求爱犹豫不决的，但十天的思念之后，她对自己蕴藏在心底的爱已经有了新的认识。小说结尾好就好在一语双关，一个简单的寻常情节，却表达出了非常纯洁感人的深情。

说实话，正是这个结尾先打动了我，使我重新开始细读这篇《十日不见》。我发现，这真的是一篇非常见作者功力、非常优秀的小小说作品。

好就好在人物鲜活。且看开篇：“陈梦瑶正和妹妹笑闹，有人敲门，很急”，笑闹两个字，把一个活泼而且有个性的女孩儿形象一下子就立在了读者眼前。接下去，把临行前来求爱的缉毒警周刚轰出门去：“赶紧滚蛋，总是这样逼婚，你就不能来个花前月下含情脉脉啊?”再后来，十天后，她站在公安局门口，心里一遍遍地狂喊，你个浑蛋，回来我就揍死你。最后，见到心爱的人平安归来，狂喜地冲进公安局大门去追男孩儿的车。纯洁而活泼，强势甚至有点刁蛮，这个可爱的女孩儿形象在短短的篇幅里几乎呼之欲出。

好就好在结构精巧。故事时间跨度为十天，从周刚出发执行重大任务，到他在陈梦瑶日见强烈的思念中平安归来。故事随着时间推移层层递进，脉络清晰，情绪饱满，特别是女主人公的情绪变化，把握得非常准确。从第三天的假装漫不经心地向周母打听，到第六天的失眠，“心终于全乱了”；再到第八天夜里做噩梦，第十天在公安局门前站到“身子是软的，心是僵的，眼睛都瞪酸了”。那只平安符的运用，更见作者匠心：陈梦瑶扔给临走的周刚的，是个“白纸包”，到结尾，周刚在车窗处展示给心爱女孩儿的，才是红绳（注意，是红绳）串着的平安符。而这只符，过去“她一直戴在胸前”。

好就好在语言洗练。开篇：“中午，蝉声如潮”，六个字，已经写明故事发生的季节和时间，并且给整个故事营造出一种略带夏季灼热的紧张气氛。两个人的对话，男的真诚、坦白，急切，女的直率、干脆，而且有几分撒娇。特别要指出的是，就在简短的对话中，一对青梅竹马的小情侣，恋爱的过往也已经交代得清清楚楚。男孩儿的执着，女孩儿的纯真，没有更多的描写和渲染，却都在读者们的面前了。

《十日不见》，称得上是小小说中的精品。而据我看到，《人民公安报·剑兰周刊》近年来发表了不少如此优秀的小小说作品，扶持了一批优秀的小小说作者，特别是基层作者。

近来办好报纸文艺副刊的呼声日盛。有呼声，其实也说明了有困难。在所谓新媒体铺天盖地的今天，纸媒似乎在节节败退，文艺副刊的处境自然就更艰难。但《剑兰周刊》在这样的形势下坚持为广大的公安文学作者和爱好者保持了一方热土，成为公安文学万紫千红的一座百花园，这是可喜可敬的事情。在此，借评论《十日不见》之机，也为《剑兰周刊》点赞。

真实是报告文学的灵魂

——兼评胡杰的报告文学创作

很早就想为胡杰写点什么，一直没有找到切入口。印象中的胡杰是公安系统写作者中比较典型的一位：在基层工作过，因热爱写作调入公安宣传部门，一直工作至今，也一直有作品问世。这样的同志，往往给人低调、朴实的感觉，勤勤恳恳，任劳任怨，却鲜有让人印象深刻的事迹，如浩瀚夜空上的一颗星，淹没在灿烂之中，让人难以捕捉他的光芒。所以，一直犹豫着，没能动笔，直到这天的两条微信。

第一条微信是他转发给我的一条所谓秘闻。其实这条秘闻已在网上流传很久，所以我也就没太在意。接着，是他发来的第二条微信，是对第一条微信的更正。他专门找了他在秘闻发生地工作的朋友，对秘闻中涉及的人和事进行了核实，然后郑重地告诉我：某某县没有叫某某某的法医，有一位法医经历相似，但不可能接触某某案，秘闻的真实性可想而知。看了他的微信，我不禁感慨，如此的求真务实，唯有胡杰同志了。就此，突然找到了写胡杰的灵感和角度，也找到了对于报告文学写作的一点认识。

那其实就是我们常常讲的两个词：真实，认真。

毛泽东曾有名言：世界上怕就怕认真二字，共产党就最讲认真。这话我们耳熟能详，但在当前的社会我们又能做到多少？浮躁，浮夸，浮华，似乎已经成为今天的某种标志。而在这样的大环境下，能够坚持认真做事的人，能够执拗地追求真实的人，都值得我们尊重。

由此说到胡杰。胡杰现任陕西省西安市公安局新闻中心主任，是陕西省作协会员，曾在鲁迅文学院第二十三期高研班进修，是一位优秀的公安题材报告文学作家。说到报告文学，我个人以为，是文学创作中最需要创作态度严肃认真的一种文学样式。当然，这里不是说写小说、散文等不需要认真，而是仅就报告文学的特性而言，真实确可称是其文本创作的灵魂，而真实，必然源于创作全过程的认真。胡杰的认真，胡杰对事件真实性的苛求，应该是为报告文学所赐，也成就了他的报告文学创作。

维护报告文学的真实性，就是维护报告文学存在的价值，维护报告文学的生命和战斗力。真实性怎样把握和保证，求真务实的创作态度是重要的前提。报告文学是来不得半点虚假的。尤其是公安题材报告文学，每每涉及法律法规的严肃性和基本人权的保障，更容不得创作者的丝毫懈怠。然而，从当前的报告文学创作状况看，这个问题还远未能从根本上解决。由于个别创作者态度上的不认真，客观上使得报告文学的总体质量在下滑，优秀作品寥若晨星，数量稀少，远远不能满足广大读者的阅读需要和对社会现状的认知需求。

报告文学的失真，往往来自几个环节的失守。

采访上的粗糙，为报告文学创作打下的是不牢固的基础。采访，是报告文学创作的第一道关隘。采访中能否抓到最真实、最鲜活的第一手材料，能不能保证到手的材料去粗取精去伪存真，而且翔实饱满充分，是保证报告文学创作成功与否的第一个关键点。著名报告文学作家理由曾说，报告文学七分靠跑，二分是思考，一分是写作。这话非常有道理。不在采访上把功夫下到家，结果只能事倍功半，拿起笔来才觉得脑子里一片茫然，不能不使作品在真实性上打折扣，甚至成为想象出的虚假报道。曾经看胡杰采访，为了一个似乎无关紧要的时间细节和采访对象反复争论反复核实。又如另一位优秀公安报告文学作家紫金，为了创作反映辽宁大连“716”扑救特大火灾全过程的报告文学，竟用了四年时间，采访近千人。这样严谨的采访态度，才是报告文学创作所必需的。

构思上的粗糙，为报告文学创作构建的是不合格的框架。采访不扎实，接下来便匆匆忙忙进行创作，必然面临的是不充足、不生动，甚至有偏差和谬误的素材，写起来处处捉襟见肘。在此基础上的所谓构思，也必然成为无源之水，无米之炊，至少是缺斤短两的窘迫。在报告文学界，有一个至今争论不休的说法，叫“合理想象”，意指在某些不可能采访到的情节、细节、对话上，可以根据实际情况做合理的想象。这本无可厚非。但是目前“合理想象”有被放大的迹象，明明是采访不认真不充分，却以所谓“合理想象”来给构思“打补丁”，结果作品只能成为冥品店里的纸人纸马，经不住读者推敲。

写作上的粗糙，为报告文学创作留下的是不成功的次品。文学创作的衡量标准，永远是作品的质量。一篇采访不扎实，然后靠“合理想象”拼凑完成的作品，尽管可以用华丽的辞藻与炫目的架构来弥补，最后也只能留下骗人骗己的文字垃圾，甚至，会因内容的失真而带来严重的后果。这样的例子比比皆是。特别是公安题材报告文学的创作，一旦有事实失真、偏颇之处，或违背法律法规的情况，势必引发社会的关注与批评，甚至引发社会某种程度的混乱。报告文学，命中注定是一种处于社会风口浪尖上的文化产品，它承载的社会责任，有时超出创作者自己的想象。

综上所述，三个重要环节上的粗糙和疏忽，必然结果就是使报告文学失去生命，失去真实。

说到公安题材报告文学，当下还有一种错误倾向必须引起我们的警惕，那就是“遵命文学”的流觞泛滥。最典型的，也是流传最广的笑柄，是前不久黑龙江哈尔滨仓库大火，在新闻报道中出现的那一连串从省里到区里的“指导工作”领导名单。这样哭笑不得的事例，其实常常在我们的公安题材报告文学创作中出现，而且，有着愈演愈烈的态势。出现一名英雄模范，侦破一起重大案件，都会有领导指令宣传部门和文字工作者去再现英模事迹或办案过程。从某种意义上说，这并不是领导的错误，而且充分体现了各级领导对公安宣传工作的重视。它的谬误之处在于写作者自觉或不自觉地把这种文字和报告文学混淆起来，认为这种宣传稿件就是报告文学，或者认为这种文字略加些景观、心理描写就是报告文学。这样的文字大量涌现，结果必然是公安题材报告文学的整体质量下降，以至于个别偏激的文学评论家始终认为公安题材中的报告文学，仅仅是宣传的手段而非文学。而这种文字给文学创作带来的恶劣影响，不仅在于模糊或忽略了文学的特性，更在于践踏了报告文学的真实性原则，常常会有夸大、拔高、编造的问题出现。试问像哈尔滨大火那样的报道，能让谁信服？而面对数名消防战士的牺牲，这样的报道简直就是对英烈的亵渎。

让我们回到胡杰的创作。胡杰 1988 年毕业于中国人民警官大学中文系，之后在刑侦、户籍和文化保卫等基层公安岗位上工作过。他在从事公安新闻工作后，作为《人民公安报》陕西记者站记者，曾连续十三年被评为优秀记者。多次荣立个人二等功、三等功。他在从事新闻工作的同时，坚持报告文学写作，出版了多部作品集，并获得了各种奖项。胡杰的生活和创作轨迹，代表了公安系统内相当一部分公安作家，特别是改革开放后成长起来的那批公安作家的状态，而他在大学里所受到的系统教育，又弥补了那批作家普遍文学基础较差的弱点。而胡杰身上最难得的，还是他对待创作的认真态度，是他深谙报告文学真实性的重要，并不断为之努力的执着精神。

我在前面已经提到了胡杰在采访和写作中的认真。我目睹的那次他和采访对象的争执，是他在采访西安当地的一位公安英模的时候。他们争论的，是一次什么活动的具体时间。到底是什么活动，我已记不大清，由此看来并不多么重要，但胡杰仍然反复盯问。还有一次，胡杰采访一个已经坐了30年牢的毒犯，为了弄清他出狱时穿的什么衣服，竟专门开车又跑了一趟看守所补充采访。胡杰的新作《胡宗南身边的红色电台》（刊《啄木鸟》2015年第2、3期），把笔触从现实公安工作转移到尘封的红色档案中，讲述了新中国成立前夕陕西中共地下党组织一段惊心动魄的斗争历史。翻开书卷，我们第一眼看到的就是细节：

“1948年8月19日，国民政府出台《财政经济紧急处分令》，改法币为金圆券。23日，西安开始发行金圆券，收兑法币，一金圆券兑换三百万法币，顶半块银元。可到了11月12日，一块银元在西安已经可以兑换五千金圆券了。”

这样的真实细节，非经认真的查证是不可能得到的。而这样的细节已经不用作者再多说什么，当时的社会混乱状态已跃然纸上。胡杰讲，为了创作这部报告文学，他采访了能采访到的所有当事人。其中一位老领导远在新疆，他也自费赶去进行了采访，获得了许多珍贵的史实。在他的文字中，我还看到了不少引用于当时的《西京日报》、《西北文化日报》等旧报刊的资料，不用说，这是胡杰钻在图书馆里一点一点查出来的。

扎实的采访和查证是为了创作打基础的。而更可贵的是，胡杰在采访中能够有意识地关注那些有着特殊寓意或特殊指向的细节。如犯人出狱，他所穿的衣服一般是由狱友赠送，穿戴什么在某种意义上说代表着他在狱中的微妙地位，甚至是监狱管理状态、犯人生活状态等的一种折射。关注这个细节，体现出胡杰对于报告文学创作的一种自觉追求，细节在他的笔下，是展示人性的一种手段。

这就是在认真采访基础上的深刻思考了，是对细节的提炼。这也是一种认真，一种对人性更本质层面的探求。由此可以说，胡杰的报告文学创作，已经完成从新闻到报告文学，再到更高文学境界的跃升。胡杰的努力之路，应该成为公安题材报告文学作家们一种借鉴。

公安题材报告文学创作，近期出现了较好的崛起势头。紫金的《泣血长城》，吕铮的《猎狐行动》，冯锐的《湄公河大案》等，都在中国报告文学界和读者之中引起了轰动，获得了良好的评价。一批优秀的中青年公安报告文学作家，如连忠诚、张兆杰、毛永温等，也正在不懈地努力中。相信在不久的将来，中国公安报告文学团队，将创造出更辉煌的成绩。此时此刻，写这篇文章，目的也在于通过对胡杰同志写作的评价，为公安题材报告文学的创作，加油鼓劲。

而我们努力的方向，我以为，就是要在保持报告文学的战斗性下功夫，而所谓战斗性，就基于其真实性。还是那句话，真实是报告文学的灵魂。

银针落地的铿锵

一个十分醒目的名字，《落地的针》，就是白晓明同志的杂文集了。银针落地，一个日常生活中的微小细节，在这里被赋予了一种深刻的意味，目光与封面的最初接触，就在心头起了一阵悸动。再读书封上的那行文字：“坦荡以己之过，求得醒人之心——这是一根从心头穿到心底的针”，便激灵打个冷战，仿佛在酷暑的蒸腾里，有一根冰凉的针从心中穿越，那一线的清醒，足够做人的回味。

由于职务关系，读了很多公安系统作家们的作品，但杂文似乎鲜有。常有人说，现实生活需要的是柔软和圆滑，杂文的尖利已不合时宜。而印象中的杂文，却最是应该张扬批判的旗帜的。现代人整日活在杂芜里，似乎早不知批判为何物，只知道享受和沉醉，以及文字的飘浮。字里行间的花拳绣腿，倒是养育了不少莺莺燕燕。公安作家是有责任感的，但杂文这把剑却也少有提起。或许，是因为这文字的寂寞，和不合时宜的那种冷峻。

我倒觉得，杂文的难写，是因为构成好杂文的思想峰峦难以攀登。所谓批判，也就是思想的特立独行。风花雪月的浪漫，心灵鸡汤的机巧，都难望其项背的。如果用一点小精致来写杂文，若似以烹小鲜的手段来治大国，只是小马拉大车的捉襟见肘，显露出作者的逼仄。好的杂文家，首先应该是好的思想家。起码，思想是他的生活依托，甚至是血脉维系。当年，鲁迅先生善写杂文，而现在我们回忆起来，却是他的文字风格在二，其深邃而尖锐的思想在一了。可以说，思想是杂文的精髓，没有思想的杂文，无异于行尸走肉。若再说到当下，思想的坚硬已经在退化了，又何谈手中那柄剑的锋芒。

所幸，还有白晓明同志这样的清醒者。

晓明同志是个官员，且是做人的思想工作的那种。官员的清醒，似乎远比普通人的清醒更难得。在《落地的针》之自序中，晓明同志有这样的描述："掌声响起，是台上像针的那个人，一连串的上句和下句的蹦蹦跳跳，落在了台下人的手上。掌声消失了，台上像针的那个人，在找一个针缝儿，也叫地缝儿，把自己存放在里边，不再蹦蹦跳跳了。此时的空间，是间心房，不再很大很静。那根针，从心头穿到心底，心眼儿和针眼儿相通，血流满腔，血流满腔，血流满腔。"这样的文字，有鲁迅的文采，更有鲁迅的风骨，晓明同志在文字中画了一幅肖像，是自己，其实应该是更多的人。三句"血流满腔"，重叠出一种沉痛，也是给我们的警示。

官员的台上台下，似乎是一种生活常态。开会了，到台上去；散会了，到台下来。当然，台上台下是有一种寓意在的，四个很简单的汉字，可以浓缩一个人的整个生命。有人看这四个字，只是看荣辱，甚至算得失，眼睛只在物质利益上。而对于自己的心，往往弃之如梗，听任它的堕落。脑海里只剩下一汪腐臭的水，浓缩后的生命便只是消失得更快，台上台下的表演，留下的只有倒彩。

"以己之过，醒人之心。不是世人皆醉，唯我独醒，而是面对智者仁者，告白自己的愚钝与龌龊。《中庸》里讲，'好学近乎知，力行近乎仁，知耻近乎勇'，我从中感悟的是知耻而后勇，知责而前行。"白晓明同志身在官位，却有如此的清醒和责任感，实属难能可贵。他这根落地的银针，确实是发出铿锵之声了。全书五十二篇佳作，像他自己所说："随着那针的蹦蹦跳跳，响响亮亮，一连串的清脆令人陶醉。那针有股永动的力，那清脆不会消失……"晓明同志的挥洒自如，把文字化为了刀剑，在自己的心灵上划过一道道思想的沟壑，充填了哲理的营养，给了读者一种痛快淋漓的阅读享受。

如说形式主义："形式主义害人，是一个相互拉紧的链条……各种各样的形式主义，始于热点，成于风气，害于民财，止于重来"；如说民主："在民主面前，你得睁大眼睛，看清楚它是只狼，还是只羊。这其中有一条线，在线这边是羊，过了线就是狼"；如说做事："大事用清，小事用痴。清于心，用于行；痴于己，用于人"；如说思想："这火种，在开始的时候，只是一个看不见的思想，思想被点燃之后，就可燃烧一个世界"。晓明同志的文字，看似直白，实则流畅，内中蕴含深意。恰如其中某篇的标题："放下官话，拾起民言"，实乃点睛之笔，把自己的意图全阐明了。

其实杂文的文字特征，也应是相当讲究。说鲁迅先生的思想胜于他的文字，并不是讲他的文字拙劣，只是相比较而言罢了。更要考虑到的是，老先生在上世纪三四十年代的语言风格，当然于今天的读者是有些许隔膜的。而在当年，恐怕也是字字珠玑。我窃以为，杂文写作更要讲求文字的隽永和内敛，追求一种寓意，把中国文字的多重性发挥至极致。表面是朴实无华的水，实则蕴含的内容，那却是一片海。我以为，晓明同志在这方面是有追求的，只看书的名称，《落地的针》，以针喻人，以针喻心，就足够让我们耳目一新了。

"参加一次葬礼，受到一次灵魂洗礼。回到现实生活中，还是被多余的欲望压迫着。"读到晓明同志这一段话，不禁会心一笑。笑中有理解，亦也有无奈。银针落地的铿锵，总也掺杂着几许生活的杂音。畅快淋漓地书写，最后也还会回归现实。但，清醒者和庸人的区别就在于：前者在快乐中寻找痛苦，后者在快乐中享受快乐。

一根银针落地，在蹦跳着。

附记：白晓明同志，曾任辽宁省公安厅政治部主任，现任辽宁司法干部学院院长。我印象中的晓明同志不苟言笑，完全是政工干部的标准气质。但读了他的杂文集《落地的针》后，才触摸到了他心底隐藏的一种火热。故而，有了这篇拙作，为晓明同志捧场。

为自己歌唱

总觉得为人作序是一件很神圣的事，非德高望重不可。因此，偶尔有朋友求到头上，便心有惴惴，总竭力推辞，因为自己实在德不高望不重的，不堪重任，如果非摆出架子来，多少有点像沐猴而冠，恐怕招人耻笑。

但白平似乎是不可推脱的。一是因为认识他很早了，年龄又接近的，都是步入暮年的样子，有种同经沧海难为水的意思；二是敬佩他的执着，因为当年一起写东西的人们，有不少早就封笔了，如神仙般地生活着，像我们这样还在业余爬格子的人，实在是不识时务。从这两点说，和白平就亲近了许多，有朋友的感觉了。在他的新作里择出一页纸，印上我的几句话，有个捧场的意思，也还不算太过分吧。

说认识白平很早，不是诳语。1989 年他来北京，在中国人民警官大学读公安作家班，我作为北京市公安局《金盾》杂志的编辑，请他们吃过饭。当时各个公安刊物都抢着请他们吃饭，因此他们很风光，很得意。那时的公安作家都刚崭露头角，全国的公安文化工作也刚刚起步。想想我自己，和公安作家们的亲切感也始于当时，是一种惺惺相惜的默契。尽管今天不大记得白平的模样了，但这些年天涯海角，各自奔忙，在公安文学这个舞台上，却总还有他或我的影子，有我们的声音。这个舞台今天很大了，登台的演员摩肩接踵，不说如过江之鲤，也似百鸟齐鸣。人海中，悄然回首，你在，我也在，这就是缘分。

在今天而言，当年的我们是不成熟的，无论是作品，还是为人。二十年过去，春华秋实，雨雪风霜，染白的是鬓角，不变的是心情。钢笔在不知不觉中换了键盘，每一下按键的击打，清脆着的仍然是我们创作的愉悦和跳跃的浪漫之梦。我在这里说的，似乎已经不是白平一个人的心境了，所有当年上了公安作家班或是没上的公安作家们，在年过五旬的今天，让我们一起来为自己歌唱吧。

想了想，我写的，还不是序，只是几句感慨，而已。

附记：白平，现任贵州省黔西南州公安局局长，二级警监，叱咤风云的公安一线指挥员。他自编文集，名曰《老警旧事》，颇有怀旧意味。找到我这个旧相识写序，恐怕也有这个意思吧。说实话，接到这个任务，除了不敢推辞之外，也有不堪回首的感叹。写下的东西，正如文中所说，不是序，只是几句感慨。但这种感慨，对于白平这样心存文字梦想的人来说，恐怕还是有共鸣的。

心灵的守望才如灯

《守望如灯》，一个不要太诗意的名字。

和杨锦认识太久，印象里留下了憨厚的影子。虽知道他是诗人，但总隐约觉得不够空灵和恣意。直到，读到他新著的这样标题。一片温暖的灯光，终于给了我新的感受。

其实诗人应该是什么样子，也没有定义的。李白的豪放，杜甫的阴郁，李煜的感伤，柳永的奢靡，都不妨碍他们在历史上的位置。如说现代，高红十的《理想之歌》，舒婷的《致橡树》，也是难分伯仲的美文。而对杨锦的认识产生一点偏差，想想大概源于太过熟识，且接触他的时候，多是他在工作之中的状态。

杨锦是记者，是老总，是官员。如此三重身份，于寻常生活中已是多彩。纷杂之中的跋涉，冷暖人生里的起起伏伏，如行走江湖的剑客，闭门修炼时的闲适已是往事，世俗的浸淫使剑上的雨滴也有了鲜腥的味道。想回头，却也不能。

于是文字成了某种慰藉，某种寄托，甚至是某种依赖。如广告词所说：暖暖的，很贴心。

更难得的，在多重身份的后面，是寂寞的心。“无论是绵绵的雨季，还是初雪覆盖的冬日，我总喜欢一个人静静地在雨中或雪地里随意而行，任思绪飞翔，让目光一次又一次接近自然接近天空。”这时的杨锦，也许更真实，而孤独的身影，已经印在江湖的岁月之中。只留下没有特定意义的守望，在自然的水墨里。

收在《守望如灯》这部集子里的，并不都是诗和散文。对杨锦身份的猜想，也就源于这部书的庞杂内容了。庞杂，不是贬义，一个人涉猎的知识如能用庞杂形容，是一种褒扬。我在这部庞杂的书里，读到了记者杨锦："听完他们的介绍，我的心中久久不能平静。离开花坪镇，我们又踏上了泥泞的归途。路旁的木棉花依然不时地闪现。"也读到官员杨锦："作为公安文化基层行小分队的领队，我虽然一到拉萨就因强烈的高原反应被送进了医院，但此刻行走在风情浓郁的藏文化发源地，倒完全忘记了刚到时的各种不适。"杨锦还是儿子，他对父亲的回忆令人心痛："很多时候，当我独自在家凭楼眺望远方或在办公室工作时，我常常会觉得，父亲就在门外……"杨锦还是战士，他真诚着自己的信念："又是一个灿烂的黎明，当我站在罗湖桥头，望着边检战士准时升起五星红旗，我真想说，敬礼，罗湖桥头的祖国儿女们……"当然，杨锦最是诗人了，我们在记者的文字里，在官员的文字里，都隐约读出了诗的感觉。而且，我们更喜欢听他直接的吟唱："来的时候，我带着梦想；走的时候，带走一本诗集。也许，这就是玛吉阿米……"

其实做记者也好，做官员也罢，杨锦文字里这一点诗意，便是他与别的记者、官员不同的地方。突然的，就想到一个也许还算准确的定义：公安文化人。这样的称呼，大概是最贴切了，而且我以为，是最亲近的。因为这样的称谓，浸染了警服的深蓝，也糅合了文化的青翠，更闪烁着人性亮丽的光泽。这样的色彩，不是诗，又是什么？诗其实不是象牙塔里的呻吟，诗是生活，诗是斗争，诗是发自人心的一种呐喊。一个真正的诗人，也许，就应该在潮头搏击风雨，让守望在内心的那一点灯火，在混浊的夜中更显宁静。

于是明白了杨锦为自选集命名为《守望如灯》的本意，也敬佩了他那超越空灵的空灵。

再于是，没什么好说的了，打破一种寂静就是罪过。

附记：和杨锦认识时他是《人民公安报》最早的记者之一，刚刚从黑龙江大学毕业。几十年风风雨雨，现在杨锦已经是公安部宣传局副局长，正局级的领导干部。人生的轨迹就是这样，顺利与不顺利，其实都是一种财富积累。难得的，如我在文中所说，保持一点如灯火般的心灵守望。在这一点上，斗胆说，与杨锦是相通的，因此，对杨锦也就引以为友了。

散文的真性情

近年来常常喜读散文。一是因为年纪长起来，心绪便渐渐波澜不再，有了些闲云野鹤的个中滋味，和散文的意境慢慢地契和了；二是好像现在散文作品也比较多。常有相识或不相识的朋友寄来大作。每每收到，便有感慨：啊，某某也在写散文了。想想自己，读也读了不少，但拙笔一支，好像写不来散文，便有些惆怅。

但散文不是都好读的。散文这东西，说好写也好写，说难写却也是很高深的东西。世说，形散而神不散，为散文之要义。但我以为，其神之高妙，才是好散文的最终标准。如果你偏要歌颂一摊大粪，神再不散，也是枉然。如现实中许多朋友的所谓散文，多以生活感悟为要，小情小调，虽然意义不错，但因匆匆落笔，为写而写，其神韵浮在生活之上了，笔下意境便自然流于做作。这样的作品，也就不足为奇。

说起来，传统的散文多以怡情为主。这恐怕也是大家错以为说些风花雪月就是散文的原因。其实，散文的味道这些年来是大变化的。文本样式繁多，风格也多另类起来。或奇峻，或幽默，或如刀锋，或似静水。旁征博引，谈古论今。文化思考的意味突出了，文字上再精妙推敲，便使得品位上的高远更加吸引人的思考。但话说回来，由此而生出的一些艰涩、繁复和娇情，却也使得散文似乎又走向了另一条窄路。

我倒以为，好散文之所以成为好散文，最重要一点，是其中表达性情的真诚与否。前面所说其神之高妙，高就高在情感的真挚和诚恳，高就高在表达的是人类最美好的东西。文字或朴实或繁复，倒也在其次了。精神上的浮光掠影花拳绣腿，终留不下永远不朽的佳作。当年的《雪浪花》、《谁是最可爱的人》，传统虽传统，但时至今日仍为名篇，胜就胜在情感。今人往往沉湎于世俗，心绪杂乱。即便拿笔的时候尽量让自己沉静，但毕竟浮躁惯了，静也静不下来。于散文而言，这是最悲哀的事情。

以上感慨，纯属一家之言。引发了这感慨的，是罗亮齐的新作《放纵心空》。

亮齐兄多年任公安厅政治部副主任，每天忙于公务，难得的是业余仍笔耕不辍。2011 年 4 月推出的散文集《放纵心空》，读来有一种洒脱之感，所选篇目也多有回顾之作，真诚而深沉。想是年纪也大了，公务渐渐移交给年轻同志，闲暇之时对自己的生命价值便常有总结。思维的水深了，心湖便暗流涌动，有些事和话就不吐不快。也正因为如此吧，这本散文新作的特点，就是真挚。文字纵然有恣意之感，不愧放纵二字，但打动人的，仍然是心的透明与纯净。

在开篇代序的《与梦同行》一文中，亮齐兄对自己也对生活有一个总结性的判断："生活需要真实，作品需要真情，做人需要认真"。话虽简朴，但开篇明义，率性而真诚，活脱一个时而嬉笑怒骂时而严肃认真的老罗站在面前。通读全书，写人，状物，说事，谈情，无一不真切，无一不感性。在《轮回在原点》中，他总结自己的一生："一生都在奔波忙碌，在不停地行走，无数次外出远行，无论带着什么梦想理想大志宏图，无论怎样去寻找追求荣耀灿烂，无论从哪里出发，无论走得多么遥远，无论走了多少时光，无论途中的经历多么顺畅还是多么坎坷，即使走遍了四海走遍了天下，最后还得归来，还得回到出发的地方。除非四海为家，除非马革裹尸，因为，只有起点，注定是你的港湾，是你的归宿。”

在《不堪一程去送别》中，他怀念逝去的战友：“无论他们是曾经风雨一路风云一生辉煌一世德高望重的老前辈老革命老干部，还是现在正一腔激情一路奋斗一生追求壮志未酬而英年早逝的同事同志兄弟哥们姐们妹们，无论生前职位高低权力大小财富多少，无论在位还是离职，最后都无法选择地归于同一路径朝着同一终点而去了。留下的，只有哀思和怀想。”在《我抬头，望山沟……》中，他追忆自己的母亲：“离开家乡那条山沟那座山坳走南闯北数十年了，其间当兵当警察握枪杆儿拿笔杆儿苦苦跋涉哭过笑过爱过恨过失败成功痛楚欢乐一切都已远去，而唯有家乡山坳上那个瘦削孱弱嗫嚅抹泪迎风晃荡的身影如钢浇铁铸一般永远镌刻在了我的心间。那身影便是妈妈送我离家远行时凝眸的一瞬。”在《我与美女有个约会》中，他也赞颂美丽的女性：“对男人而言，她们是心灵的歌是眼睛里的诗。听一首好歌，当优美的旋律在心里轻轻流淌撩拨着心弦的时候，那是至纯至美的陶醉。读一首好诗，当那酿造的意蕴在眼里缓缓浮动让灵魂升华的时候，那是如梦如幻的愉悦。”

而最是真情流露时，他在《有一些话儿我不会说》中大声喝道：“有一些话我不会说，还有一些话不好说，更有一些话不能说，比如假话、大话、空话、套话、废话，还是不说或少说的好。特此公告，不是广告。好了，我喝茶去了！”

如此老罗，话说得掷地有声，人也就栩栩如生地站到我们眼前了。活生生的一条四川汉子，如他自己形容：“犹如四川名菜回锅肉，本为肉，做法吃法很多，但回锅肉有色香味俱佳的特色，只有‘回锅’，才会让人百吃不厌，越吃越有味。”

严格说，亮齐兄的散文还属传统一类，难得的是他不以所谓写散文的章法拘泥自己，还是率性所为，信笔写来，真情自然流露。读他的散文，你也不必郑重，只是顺着他的思路走下去就是了，峰回路转之处，自然有奇妙风景所在。

这就是散文的真性情了。

亮齐兄笔耕数十载，今年光荣加入中国作家协会，也算得功德圆满。但我以为，他的成功，就在于他的真诚。

附记：和亮齐兄是不打不相识的。当年的误会，如今说起来是笑料了，但当年年轻气盛的我们，想想还是当了一回事的。今天酒杯一碰，哈哈笑过，留下的就只有情谊了。这当然也有性格原因，亮齐兄若是心胸狭窄者，这一生也许都不会和我来往了，也就没有了我今天为他写下的这篇文章。说实话，在下也不是写每一篇东西都认真的，付出真情者更少，而写给亮齐兄这篇，文劣，纸劣，而心诚。

公安题材小说的地域文化特性

——评张国庆小说新作《子丑寅卯》

作为一个写小说的人，读小说应该是生活里的必须，甚至如同每日三餐，不可或缺。但现在的小说作品能让我读来怦然心动的，可说极少。这也有点像每日三餐，不可能顿顿奢望鲍鱼，粗茶淡饭是一种常态。但文学毕竟不同吃饭，我们实在不必像个贪官，饕餮时遮遮掩掩；也不必如饿莩，逮住块剩馒头甘之若饴。我们应当理直气壮地表达出对好小说的一种渴望。用句时髦话说，这是对美的追求。而张国庆的《子丑寅卯》，竟让我落了泪。这无疑告诉了我们，张国庆写了一篇好小说。

我曾经计划编辑一套《老编辑丛书》，专门收集当年各地公安法制刊物编辑的作品。众所周知，这批公安法制刊物现已大多湮灭在时代的洪流中，留给我们的只有回忆了。而当年在这些刊物工作过的老编辑们，应该说是“文革”后公安文学起步发展的弄潮儿，他们多半边做编辑边写作，为公安文学的进步做出了不可磨灭的功绩。编辑《老编辑丛书》，就是向他们致敬的意思。这套书后来由于种种原因夭折，只留下遗憾和惋惜。张国庆，就是这些老编辑中的一个，是这套书中的首选。他的名字和他的工作成就，可以说是那一时期公安法制刊物发展史中不能忽略的一个符号。

由于长期在天津市公安机关《橄榄林》杂志做编辑，因此张国庆的文学创作一直以报告文学为主，曾撰写了大量的公安题材报告文学。他的文字以朴实无华见长，有扎实的文字基础和良好的文学素养。而这篇《子丑寅卯》，是我见到的他的小说处女作，却给了我们极大的惊喜。可以说，张国庆调动了他深厚的生活积累，厚积薄发，给我们呈现出了公安文学创作的一种新思路和一个新突破。

在读《子丑寅卯》的时候，我一直在思考一个问题，即公安题材小说和地域文化特性的关系。这个问题看上去并不难回答，任何一个作家，他的创作必然离不开养育他的那片土壤。但是，自觉地把自己身处其中的地域文化融入自己的作品，并使之成为作品的灵魂所在，也不是所有写作者都能做到的。举已被评论界公认的“京味小说”为例，老舍先生为集大成者，他的《四世同堂》、《骆驼祥子》，已经是高不可攀的文学巅峰。但汪曾祺、陈建功、苏叔阳以至王朔，却也呈现出各自不同的夺目光芒。他们的文字风格各有不同，汪曾祺的散淡，陈建功的平实，苏叔阳的机敏，王朔的恣意，但都不失北京地域文化的韵味，而且把这种韵味在自己的创作理念下发挥到了某种极致，融合成为自己的文学特征。除此之外，我们也看到一些所谓“京味小说”，坦白说，却只不过是皮毛而已了。

于公安题材小说创作而言，这个问题就更突出一些。在公安文学小说家中，有意识地把地域文化与自己的创作相结合者，还不太多。

最近我常和一些同志谈到“公安作家群”的概念。我以为，作家要想成“群”，除要有个体的鲜明风格外，“群”的某种共性是题中必有之意。而这种共性，除了共同的公安工作给作家们提供的大体相同的创作素材和理念外，地域文化的影响和由此所造成的地域文化特征，恐怕是重要的条件。如“黑龙江公安作家群”，他们共同的豪爽、侠义、粗犷，无疑是那块广袤的黑土地所赋予他们的恩赐。而他们笔下的打黑除恶、斗智斗勇，也是黑龙江公安斗争生活的真实写照。但坦白说，黑龙江的公安作家们，大多还未真正意识到黑土地给他们的给养，更没有真正地有意识地汲取这种营养，丰富自己作品的文化内涵。他们的创作，还较多地停留在一种责任意识上，或多或少忽略了他们脚下的土地。

前不久，北京公安作家张文潮的小说《警长和他的哥们儿》，让我惊喜了一下，因为他作品里那种浓郁的运用自如的京味。现在，张国庆的《子丑寅卯》又让我惊喜了一下，因为我看到对地域文化的关注，终于在公安文学创作中开始成为作家们有意识的行为了。张国庆在创作上的突破，就是在这个问题寻找到了一种公安文学的新角度，为公安文学注入了一种清新的天津海河之风。

《子丑寅卯》，从小说标题就可以看出写的是生活中那些零零碎碎的故事，是人民警察与人民群众之间那些说严重也严重，说不严重也不严重的瓜葛。这样的故事内容，其实最适合写出其地域特点和风情了。著名作家李迪先生的系列小说《警官王快乐》，撷取的是江浙一带的警民小故事，那种精致的民风，那种轻巧的语言，那种细碎的幽默，正和李迪先生文字的跳跃感相吻合，形成了独特的风格魅力。张国庆的《子丑寅卯》也是如此，天津人，天津事，天津味，写透了海河下稍的风土民情。

叙事方式的天津化，让故事呼之欲出。从小说开篇介绍的故事发生地－鼓楼西街派出所，就是“1921 年，天津大盐商杜善人给俩闺女盖的绣楼”，而鼓楼西大街，“人多事杂，热闹和繁华不必说”，“每天平均一百二十个 110 出警记录”。而在这复杂的治安情况中，呈现在我们面前的故事，个个儿鲜活如戏，个个儿有着相声般的幽默和诙谐。几乎贯穿全篇的那条大黄狗，忽而出现，忽而消失，就像相声里的“包袱”，串联起一个个人物和情节，让民警疲于奔命，却让读者读来引人入胜，欲罢不能。这种讲故事的方式，充满了天津式的智慧。

形象塑造的天津化，让人物栩栩如生。小说中的民警，没有高大上的人物形象，没有慷慨激昂的言谈举止，个个儿是海河边长大的天津平民子弟。张国庆在塑造人物形象下很下功夫，作为主要描写对象的第一警组，四位组员个个儿栩栩如生地站在读者面前：热心的老高，世故的老谢，英俊的小乔，憨厚的小石。其中老高的形象塑造最为成功，他在处理治安事件中的丰富经验，特别是在处理“医闹”事件时的机智“钓鱼”，令人拍案叫绝，也充分体现出了天津人的一种地域智慧和一种民警忠于职守的责任感。此外，小说中的次要人物，从官员到收废品的民工，从城管到流氓小“耍儿”（天津方言，意指小混混儿），甚至有精神病的姑娘春子，个个儿鲜活，个个儿有戏，生动感人，甚至让人捧腹。

语言风格的天津化，让对话充满了音乐感。写好人物对话，是小说创作中见功力的环节。而张国庆在《子丑寅卯》中大量使用了天津口语的对话语言，不仅使人物的语言活泼、生动，而且营造出了一种快节奏的音乐感。如小石失误放跑了犯罪嫌疑人，那嫌疑人被抓回来后说：“队长，我嘛都交代，就是求您了一件事，别难为那胖小子。”所长则对沮丧的小石说：“宝贝儿，您了差点让我弹了弦子”。张国庆在语言中还大量使用了天津方言俚语，如“弹了弦子”、“跑差儿”、“崴了泥了”，等等，让语言风格更加鲜明。

有人也许会说，张国庆是土生土长的天津人，他文字中的天津风格是一种自然的流露。其实不然。我认为，张国庆对天津地域文化的使用是一种自觉，是有意为之。因为很多同样天津本地的优秀作家，也并不这样写作。张国庆的尝试也并不是为了尝试而尝试。他的努力，基于他对天津地域文化的热爱，也基于他对天津公安机关民警战友的挚爱。也正是由于这一点，他的自觉尝试和突破就更显可贵。

公安文学创作目前正处于一个有史以来最好的时期。最好的标志之一，就是新一代公安作家们已经开始有意识地在文学道路上进行着各种艺术的尝试和探索。他们不再仅仅凭着热情和勇气进行创作，而是开始向悠久的中国传统文化，向东西方各种异域文明，向多种文学流派和主义，向民间的文化传承遗产，广泛地进行学习和借鉴。这无疑是一种进步，是公安文学繁荣发展的标记。从这个层面上说，张国庆的《子丑寅卯》，蕴含着更深刻的意义。

张国庆的尝试是成功的。他的生动，他的鲜活，他的别出心裁，全都是为了他的主题而服务。当琐琐碎碎的故事过后，女刑警诺玛捧着鲜花来到重伤的小乔床前时，我的眼睛湿润了。张国庆的接地气，张国庆的平民化写作，于无声处，竟营造出了震撼人心的力量。主题至此而升华，张国庆也在此开启了他高起点的小说创作生涯。

深沉的琐碎

说实话，孙学军不是那种在公共视线中的作家，说是无名小卒也并不过分。我也只是读过他的三篇小说，只知道“孙学军，四平市公安民警，三级警督”。这话，是杂志上印在他的小说后面的，简洁得近于苛刻了。

这几年公安文学呈可喜的发展趋势。一批新人新作涌现出来，颇令文坛震惊。震惊这个词儿平日不好常用的，但这里用了，并不显虚张声势，而是一种事实。其实这些新人大多并不年轻，他们的新不在年龄，而在作品。这些鬓上甚至已有了些许银色的新人胜在他们的丰富生活积累，胜在他们的厚积薄发。他们从公安一线走出来，或者更准确地说，他们就在一线，边工作边创作着。就像一个战地记者，在枪炮声暂停的瞬间，在硝烟仍然呛着鼻孔的时候，把枪托放在膝盖上，在带血的纸上匆匆写下粗放的字迹。这样的作品当然是惊心动魄的，是鲜活感人的，是远非那些无病呻吟的玩意儿可以相比的。我们这些不新的公安文学新人，就是这样，终于用自己长期的沉淀和沉默，后发制人地在文坛上成了黑马。

孙永军大概也是如此。三级警督，算算就知道，年纪不小了。我读过他的这三篇作品，一篇《民警杨大兰的平常生活》，另一篇《曲波的心事》，再一篇就是《二人转》。前两篇大概该算他的处女作了，像是两株破土而出的青笋，顶着略显突然的倔强，染着清新自然的嫩绿，不能不让我像戏迷似的喊出一句：好。《二人转》的视角转向了民间，语言更老到了，人物也更鲜活了，我就只能再说：还是好。

好就好在不浮躁。孙学军的语言风格不动声色，娓娓道来。《民警杨大兰的平常生活》，故事时间跨度是两天，详细地描摹了一个普通派出所女民警杨大兰在这48小时中的工作、生活和细微的情感变化。一条工作线：核实肖琳琳被砸伤的案情，追查中野公司的被盗财物，为了推动安防设备的安装和老板喝酒。一条生活线：和丈夫丁子建的怄气，为儿子丁聪的操劳，和战友刘国秀若即若离的关系以及不时在她脑子里浮现的对往事的回忆。两条线巧妙地在两天内纠葛在一起，没有惊心动魄的情节，甚至没有一个惊叹号。

好就好在不玄虚。孙学军的叙事结构平铺直叙，不起波澜。《曲波的心事》，主线是一起民警丢失枪支事件，但不追求紧张、刺激和悬疑，不走侦查破案的老路子，而是围绕着这一事件，写公安局机关内部人与人的关系，写因丢枪事件而格局大变的干部调整工作，写由此而带来的若干当事人的精神状态和心理活动。最终，树立起一个不为人理解的、但却心襟坦荡不记个人得失的，真正好警察的鲜活形象。整篇作品就是按时间顺序往下写来，不动声色的描摹自有了令人动容的深刻内涵。

孙学军肯定有着极丰富的生活积累。故事就像是从他心里流出的溪水，自然而然地倾泻而出，表面看显得琐碎，而实际上富含蕴意，不少细节令人拍案叫绝。如《曲波的心事》结尾，那支丢失了的手枪在风波过后莫明其妙地回到了主人公手里，给读者留下了无尽的想象。不要以为这仅仅是作者一个无厘头的设计，它的含义是对机关里某种作风入木三分的揭露。这样的细节之沉重，是可以让我们肃穆的。再如《二人转》的结尾，三个人的调侃笑闹，看似闲笔，其实多少人生滋味尽在其中。

近来有一批风格相似的好公安题材作品出现，俨然已形成某种流派。比如第十届金盾文学奖评奖中，就有一批这样的佳作。如李小重的《走火》、孙红旗的《风起滴水弄》、张世凯的《基层》，等等。当然，也包括了孙学军的作品。都是这样冷静而深沉的态度，都是直逼社会和人性的深刻描写，都是平和淡泊而不失真诚。这样的真情写作在一向火爆、狂放的公安文坛上吹起了一股清新之风，把公安文学向更高的境界推进了一步。

这是可喜可贺的事情。

附记：读孙学军的作品是在认识孙学军之前，真是觉得好。也许是我的偏爱，我喜欢这种精准地剖析生活和不动声色的文学描述。于是，我便主动写了这篇稿子。后来认识了学军，得知他还是一位基层公安文化工作者，在吉林省四平市公安局公安文联任职，便更感觉亲近了。我佩服他对生活的观察和准确的复述，这真的也是一种能力啊。

第二辑　曲径通幽

光清莺引赤霞高

在社会上闯荡，每个人都会有朋友。而朋友前面能冠以老字，朋友这个词就沉重了许多，也便显得珍贵起来。老朋友其实有两层含意：一是确实交往的年头多，如从小一同成长的“发小儿”，两小无猜，青梅竹马，确实是岁月勾兑成的一壶老酒，有醇厚的滋味。二是虽认识并不久远，但恰巧有共同的爱好或追求，便一见如故，相见恨晚，遂成惺惺相惜。如也用酒来形容，便恰似初酿而成的新高粱，清冽而激情迸发，是一种热腾腾的燃烧感。

在我看来，此两种老朋友，实属各有千秋。但后者显然比前者要更有内涵一些。“发小儿”长成，天南海北，便各有各的人生了，维系着友情的，恐怕只有儿时的那点回忆。而产生自理想信念的情谊，却有着牢固的基础，虽可能淡如水，却彼此欣赏着，甚至是竞争着。如鲁迅文学院公安作家研修班，有三位青年作家人称“三剑客”，都写小说，都在文学上有自己的追求，多少有些相互不服气的，却因此而成为好友。这样的老朋友，人生得一足矣。

我和杨明山同志，应该属于后者吧。

但细细想来，我和明山与“三剑客”也有不同。我们虽都喜文学，但我写小说，于诗词歌赋一窍不通，明山却是一个优秀的诗词家，我们之间构不成竞争之势。我们相识近十年，情感融洽，想来原因应该有三，一是明山是辽宁人，我虽生于北京，辽宁却是祖籍，俗话说亲不亲故乡人；二是我俩性格相近，随和，平淡，都鲜有那种咄咄逼人的气势；三是对中国传统文化都有一种沉浸其中的热爱。明山的诗词，常常打动我心，我虽愚钝，却也是能从中听出琴瑟和谐的。

我和明山同志相识于2009年前后全国公安作协古典诗词分会的筹备与成立期间。我是在那个时候才知道在全国公安系统的百万大军中，竟有着一支活跃的古典诗词爱好者队伍。我也真是孤陋寡闻了。但也正因为这样的孤陋寡闻，我对当代公安题材和古典文学体裁的结合，有了一种敏感和责任感。这一点，明山自然和我一拍即合。明山至今出版诗词集三部：2010年的《诗未了》，2013年的《藏地留痕》，和今年的这部《诗情未了》，他在公安诗词创作的道路上，一步一个脚印地探索着，前进着。

特别值得一提的是他的《藏地留痕》。那是他于2010年至2013年在西藏援藏工作三年的真实记录。2013年9月，全国公安文联和辽宁省作协、西藏区作协联合为他的这部心血之作召开了研讨会，诸多诗词大家与会，对此书的重视程度可见一斑。会上多有精准而恳切的评论，更不乏赞誉之词，而从我的角度而言，我更赞赏他在雪域高原上三年的拼搏和思考。在古典诗词创作与火热的公安斗争生活相结合这个命题上，杨明山交出了一份优异的答卷。

而三年的援藏生活，也充分体现出身为公安民警的杨明山对职责的热爱和坚守。这位表面看上去温文尔雅的兄弟，其实具备着钢铁般的意志和坚忍不拔的勇气。

因此，当他的新作《诗情未了》摆到我的案头时，我来为之而说几句话，便是义不容辞的事情。

但话从何说起，却也一时茫然。明山的诗词内容丰富，涉及面广，写景，抒情，状物，喻人，多有绰约古典的真情放纵，亦不乏豪迈潇洒的壮志长歌。于我这个外行来说，实在不知从何下笔。《诗情未了》全书共收诗词214首，分为“谁将素练细勾描”、“渐有春风上树梢”、“影绰山随积雪暗”和“光清莺引赤霞高”四个部分。洋洋洒洒，飘飘逸逸，既有浅吟低唱，又有引吭高歌，读他的诗，实在是一种享受，却难以捕捉他行走在路上的灵魂。

想来想去，还是从反映火热的公安斗争生活说起吧，这于我是职责所在，也是发自内心的一种追求。2009年，全国公安作协古典诗词分会成立时，有识之士就提出了这个课题，引起了公安诗词家们的热烈探讨。2014年，随着公安文化事业的蓬勃发展，全国公安诗歌诗词学会成立，古典诗词分会合并其中。这样的整合，其实象征着诗歌与诗词的共同发展，也寓意着二者之间的一种传承。中华文化源远流长，从古典诗词到现代诗歌，血脉相通，魂魄相融。而此时，研究和尝试古典诗词反映当代中国公安事业，已经成为广大公安诗词家和诗词爱好者们的自觉，亦成为公安诗词创作的主流。谢长虹、涂运桥、张谨等优秀公安诗词家，都有极好的作品问世。明山作为全国公安诗歌诗词学会的副会长，一位有着丰富公安斗争生活经历的诗词家，自然在这方面也是佳作不断。早在2010年的诗集《诗未了》中，他就有这样的绝句：“相约辽水岸，大计问平安。承启千秋业，求实胆剑篇”。2013年的诗集《藏地留痕》，更是多有在西藏阿里地区公安机关任职时的切身感受。这次的《诗情未了》，开篇即是《辽宁公安赋》：“天辽地宁，星河浩瀚。千载沧桑凝聚，百年壮志承传。辽宁公安旌旗刺日，铁流击阻。路迢迢兮唯进，风烈烈兮当关。”“百虑千谋，人民在我心中事，公平正义增福祉；剑胆琴心，法章成就枕边书，充实奉献铸铁肩”。读来铿锵有力，掷地有声，实为佳构。

明山是个重情重义的人。他的三部诗集里多有赠予各地公安战友的诗作，这是他创作中的一大特色。如《七绝·赠有恒兄弟》："莫笑三杯青酒急，松风竹影暗潮汐。人生谁有涅槃日，况是百期旧话题"。如《七绝·赠海刚兄》："湖湘帝阙展风华，山水相闻格调加。漫道胡杨情似海，秋来枫叶早着花"。这些赠诗，初看不觉什么，但如读了明山每每留在诗后的附记，便会更加品尝到诗中的意味。当我们知道海刚兄是宁夏的一位公安民警时，"漫道胡杨情似海，秋来枫叶早着花"，就是我们眼前情深意浓的一幅画卷了。

古典诗词是中华文化的瑰宝，千百年来留下了数不清的名篇佳句，融汇成一泓艺术的海洋，引我们这些后来者遨游其中，乐而忘返。明山于此间已深得其韵，成绩斐然。著名诗词大家张同吾先生曾评价杨明山的诗词："美韵佳句不胜枚举，语言优美而圆融，比譬鲜活而灵动"。著名作家萨仁图娅也说道："写作是明山生命表达的重要方式，深情歌吟，深沉感悟，已达到艺术的自觉"。两位先生的评语，我深以为然。翻明山的诗集，每每会有让我眼前一亮的佳句。不说别的，仅就他作为其中标题的"影绰山随积雪暗"一句，就已经令我拍案叫绝了。

我总以为，身为公安民警的我们，是要学习和汲取中华传统文化精髓的。这应该是我们的一种自觉。这不是为了让我们贴上一张"能文能武"的标签，而是为了让我们这支队伍更具战斗力和亲和力。大道理，不在这里多讲，而杨明山同志的诗词创作和他的工作业绩，已经把这个道理讲得很透彻了。说到此，却又想起一件事，杨明山援藏归来，在辽宁省公安文联的支持下，主持在辽宁省公安系统成立了辽宁公安诗词学会。这是省级公安机关的第一家诗词学会。明山在普及中华传统文化上又做了一件功德无量的事情。

2014 年 9 月，杨明山同志进京参加第 100 期高级警官培训班学习，曾赋《五律》一首，诗云：“中秋圆月后，旋起赴京潮。甫有双周迅，腾升五百骄。正音归简朴，泰斗辩分毫。愿得齐平策，民生敢聚焦”。诗中有隐隐之豪情，亦有堂堂之正气。为此，引此诗为本文结尾，并祝我的老朋友明山事业有成，节节高升，创作出更多更好的诗词佳作。

附记：杨明山，现任辽宁省公安厅后勤保障部政委，中国作家协会会员，诗词家。

公安事业是公安文学的基石

江西公安作家梁路峰邀我为他的作品集写几句话。路峰是鲁迅文学院第二十三期青年作家高研班（公安作家班）的学员，我们虽见面不多，但因有文学这根线牵着，有着特殊的感情在，故而我是不能推脱的。

在我的印象中，江西公安文学创作近年来势头强劲，保持着很好的上升态势。这有赖于省公安文联的推动措施得力，更表明江西公安作家们创作热情高涨，正处在一个旺盛的创作高峰期。梁路峰便是其中的优秀代表。而他的创作之路，我认为恰恰是广大公安基层文学创作者所共同走过，或者正在走的道路，具有相当典型的代表意义，非常值得一说。

初翻路峰的这部《血案迷踪》，感觉略显老套。还是写案子，还是就一个案子的侦破反映基层公安民警的工作状态。感觉在许多公安作家已经埋头于所谓纯文学创作的此时此刻，路峰还扎在他的基层，扎在他的本职工作之中。这不禁使我有了思考，感觉如何评价路峰的创作，隐隐有一些值得说的话题。这之间，路峰和我通过电话，就这本书的修改和调整做了些交流。他说他们单位的领导和同志们都很关心他的创作，支持他这本书的出版。特别是县公安局前后两位主要领导，胡崇棋和戴光明同志，身为书中这些案件侦破的指挥员，他们都非常珍视这些真实的记录。路峰的话，使我豁然开朗，感谢这两位优秀的公安基层领导同志，他们对公安文化的重视，让我这个所谓搞文学的人，再一次真切地认识到了公安文学的根本所在，基石所在。

不能否定公安文学应该提升自己艺术水平的追求。要想在文学的高地上崛起公安文学的高峰，我们必须要在文学艺术的探索上不断努力。这是几代公安文学创作者和研究者的梦想，是公安文学事业的终极目标。但是，我们在这样的努力追求中更不能忘记我们的根在哪里，不能忘记公安文学的创作源泉在哪里，不能忘记公安事业是公安文学创作坚实的基石。文学是一棵树，是一丛花，没有土壤，没有水源，树将无叶，花将无苞，即使是语言和文字都属上乘，却仍然是插在花瓶里的切枝，艳丽虽艳丽，却是不能长久的。

基层公安机关的领导干部，珍视基层公安作家的作品，我以为，看重的就是这些朴素的文字，对广大的基层公安民警那种工作中的呕心沥血，有一种真实而贴切的描绘，是一种对公安群体最准确、最富情感的讴歌。

习近平总书记在文艺工作座谈会上的重要讲话里，着重强调了“深入生活扎根人民”的重要性，这是我国社会主义文学创作的根本性原则，更是公安文学创作的基本遵循。从这个角度来看梁路峰和与梁路峰同样坚守在基层的公安文学创作者们，他们的创作即使在艺术意义上略有不足，却是揭示了公安文学创作的导向所在。

路峰的作品，除了他特意标明的“纪实小说”之外，基本上属于报告文学作品，甚至是新闻通讯。从他创作的时间跨度看，基本是在进入新世纪以来的这十几年中。这十几年，是改革开放不断深入的十几年，是社会变革跌宕起伏的十几年，也是公安工作跨越式发展的十几年。以案件侦破为切入口，路峰的作品剖析的是这一段时间内社会的变化和人的价值观念的变化。无形中，他把文学的批判功能发挥到了一个极致，展示出在新的历史时期公安工作的艰辛与努力，也对当下的种种丑恶进行了揭露和批判。他的创作紧贴公安斗争实际，案件侦破到哪里，他的笔就写到哪里。回想当年，包括我在内的诸多公安作家，其实都是这样写过来的。因此，我对路峰的创作，有一种天然的敬意。

时至今日，绝大多数的公安文学爱好者也仍然和路峰一样，在基层工作着也创作着。这样的状态，也许在许多人看来，不是属于文学的状态，文学似乎应该是“象牙塔”里的东西，高深莫测，纤尘不染。但我以为，公安文学的魅力恰恰就在它与生俱来的战斗性，而这种战斗性与我们的职责共存，与我们的生命同在。

当然，事物总是辩证的。我们既要清醒地认识到公安事业本身对公安文学创作的重要性所在，同时也要注意到不断提升公安文学艺术水平的重要意义。不能回避的是，繁重的工作必然会对基层作者的创作有一定的影响，也会不同程度地限制了我们思维的深度和广度。公安作家，总比其他人多一份工作的牵挂，我们也许命中注定永远在这种矛盾中挣扎。但是，这既是我们面临的困难，却也是我们的光荣和我们的责任。我相信梁路峰和像梁路峰一样的公安作家们，将不辱使命，砥砺前行，勇攀高峰，在公安文学这片热土上创造出更辉煌的成就。

祝贺路峰的新作出版，也借此勉励江西的公安作家朋友们，让我们共同努力吧。

附记：梁路峰，江西省遂川县公安局民警，鲁迅文学院第二十三期高研班（公安作家班）学员。

印象聊城，从此多了北雁

聊城是个我比较熟悉的城市。

山东文化底蕴深厚，聊城自然亦如此。特别是市公安局的公安文化活动，多年来始终搞得如火如荼，是全国公安文化建设的一大亮点。作为一个公安文化工作者，和聊城有交集便是常事，熟稔起来自然也是常事。聊城公安文联成立，我去了；公安部“公安文化基层行”活动启动仪式，我去了；全国公安女民警书画展在聊城举办，我自然也去了。在福建搞“海峡两岸欢乐行”曲艺汇演，其中竟也有聊城公安局选送的一个节目：热热闹闹的《聊城八角鼓》，确实有令人耳目一新之感。

熟悉虽熟悉，但每次来去匆匆，总也有了解不够之处。查聊城历史，才发现当年武松打虎的景阳冈就在聊城，而抗金名将岳飞，竟也是聊城人。民初全国武术总教练马永胜，是聊城的；抗日英雄马本斋，也是聊城的……一时间，在聊城的歌舞升平山清水秀之中，竟隐隐起了一股侠义之风。金革铁马，剑戟刀枪，“车辚辚，马萧萧”，宝剑出鞘的那一瞬间，竟是划过世事沧桑的岁月，留下了多少至今让我们唏嘘的故事。聊城在我心中，从此就是一位文武兼修的山东壮汉，令人肃然起敬。

而在此时，我有幸结识了聊城市公安局的著名作家北雁。他给我的印象，竟是惟妙惟肖地印证了我的思绪。

北雁，本名李汉卿，现任聊城市公安局某分局党委副书记、副局长。说来惭愧，在他正式与全国公安文联签约成为签约作家之前，我还没有见过他本人，只略知他的情况。而当他带着爽朗的笑声站到我面前时，我才知道，他是一位曾经获得“全球华文武侠小说大赛”冠军，令香港名家倪匡赞不绝口的武侠小说作者，有多部长篇武侠小说畅销于世。这不禁让我这个曾经的武侠小说迷由衷地敬佩了。

聊起来，便有亲近之感。我得知他从2008年起回归警察题材，连续创作了长篇小说《莫负苍生》和《卧底警察》，现在又已将第三部长篇小说《派出所长》顺利杀青。这三部小说被他称为“莫负苍生”系列。在著名公安作家、全国公安文联副主席武和平先生为他所作的序中，曾引用北雁自己的话说道：“在铲强除恶、惩治犯罪、保护人民、维护国家和民族利益方面，警察和大侠又有多大分野？在我心中，警察就是大侠！”这话铿锵有力，掷地有声，既让我了解了北雁改写警察题材的初衷，更让我窥见一位优秀的基层公安指挥员、公安作家的赤胆忠心和文武双全。

由于有写作武侠小说的丰富经历，北雁的警察题材小说也有着自己鲜明的风格和特色，情感强烈，故事曲折，人物多处在激烈斗争的风口浪尖之上，时时面临着危险和迷茫。这显然是借鉴了武侠小说的创作手法。《派出所长》虽然离开了刑事侦查、打黑除恶的主战场，集中笔力描写直接为群众服务的派出所所长和派出所民警，但仍然从一开篇就把年轻所长师默放到了一个几任所长都没整治成功的混乱地区，当即和把持这一地区的黑恶势力进入了对峙状态。接下去，就是一个回合接着一个回合的短兵相接。直到我们读到师默败中求胜地孤注一掷，以自残的惨烈换取了众人良心的觉醒，我相信，任何读者也会为北雁的文字所动容。

公安文学的发展这几年呈繁荣之势，好作品层出不穷，作品风格也表现出了百花齐放的状态，不再是千人一面的模仿和复制。而今天我读到了北雁的作品，我为他独特的武侠风而震撼，我更为他爱憎分明的强烈警察情怀而感动。所以，当他让我为《派出所长》写几句话时，我欣然同意，并以此祝贺他的新作出版，祝愿他以他的独特风格坚持下去，写出更多更好的作品。愿北雁这一股豪情万丈的武侠风，在公安文坛上劲吹！

印象聊城，从此多了北雁，于我是为幸事。

附记：北雁（李汉卿），山东省聊城市公安局某分局党委副书记、副局长，著名小说作家。

燕有侠气　赵有雄风

遵嘱，为薛景川同志新书作序，却想起 2015 年 4 月 28 日，我在河北省公安文联作家协会成立大会上说的一段话：河北公安作家是一支有光荣传统的队伍，在公安文学发展繁荣的今天，要团结起来，向着打造“河北公安作家群”的方向而共同努力。

这真的不是官话套话，而是我的心里话。

河北这块土地，如一本厚重的大书，蕴藏着无数的英雄故事，却一直不动声色地沉默着。这种沉默，是胸有成竹的沉默，是大隐于市的沉默。是荆轲走在易水河边时的悲情，是狼牙山五壮士临跳崖前的眺望。沉默的河北，重得如同燕山的峰巅，拱卫着京畿重镇。

河北这块土地，如一张雄浑的画卷，舒展着绚丽的历史进程，也一直神采飞扬地前进着。这种前进，是昂首阔步的前进，是豪情满怀的前进。是林冲夜奔前的慷慨吟诵，是挺进西柏坡时招展的红旗。前进的河北，美得如同白洋淀的荷花，装点着华北平原。

因此，河北出作家，河北不能不出作家，河北不能不出好作家。

历数河北公安系统，也是作家辈出，佳作辈出。打造“河北公安作家群”，时不我待，正当其时。而且，我始终感觉河北的公安作家们，继承了燕赵文化的衣钵，字里行间，多侠气雄风，有魄力胆识，却又不乏似水柔情。“作家群”的概念，除作家个体的风格特色外，其群的共性也是题中必有之意。现在，我又读到了身为县公安局副局长的薛景川同志的大作《战火中的年华》初稿，掩卷之后，更坚定了我的看法。

从个性说，薛景川的这部著作自抗战始，至改革开放终，洋洋洒洒，具备了史诗小说的特色，在河北公安作家中可谓独树一帜。从共性讲，题材决定了他的文字充满了血性和坚韧，仍然看得出燕赵儿女的质朴、豪爽和钢硬。作品继承了中国传统小说的笔法，故事曲折，叙事生动，人物形象栩栩如生。特别是作品在几十年的跨度里写到了诸多人物，共产党、国民党、日寇、土匪、流氓、妓女……三教九流，五行八作，却是铺陈得体，书写有序，使得这部从体量上说并不厚重的书，却有了厚重的内容。

如果我们读过多部河北作家的著作，那么这部薛景川的《战火中的年华》，尽管没有写明故事的发生地，但仍然可以一目了然是河北的故事，是发生在燕赵大地上的爱恨情仇。这就是地域文化的造就，这就是环境氛围的熏陶。这种感觉，也许任何高明的文学评论也说不清楚，却在作家的血脉中成为创作的基因。这种基因，再加上公安工作赋予我们的忠诚与正直，是打造“河北公安作家群”的关键。

当然，景川同志的这部作品也还有些许不足之处。特别是在吸收借鉴燕赵文化的精髓上，对传统文化的自觉认识和接纳还稍有欠缺，有些章节也略显仓促。但是，《战火中的年华》已经显露出了一种非常好的势头，它在河北公安文学的创作中无疑是一枚“重磅炸弹”，其示范引领作用不可小觑，它为“河北公安作家群”的建立，奠定了一级坚实的台阶。

为此，我衷心祝贺景川同志的新作问世，也祝愿河北的全体公安作家朋友们多出佳构，再攀高峰。同时，祝愿薛景川同志身体健康，工作顺利！

附记：薛景川，河北省大厂县公安局副局长。

思考为公安工作插上翅膀

——读傅长才同志《警苑哲思》有感

黑龙江省绥化市公安局常务副局长傅长才同志，应该说是我的新朋友，因为我们只见过两三面，而且彼此来去匆匆，不及多谈。但从情感上说，老傅又是我的老朋友，他多读书，勤思考，有很多见解令我有茅塞顿开之感，这便和他有了亲近的感觉。遵他所嘱，为他的新作写上几句话，于我便是责无旁贷的事情。

地市级公安机关的领导，在我的心目中，是非常重要的位置，是公安机关这部国家机器中的枢纽。落实省里乃至部里、中央的工作部署，指挥属下数万基层民警，运筹帷幄，纵横捭阖，很多时候还要身先士卒，出生入死。在这个岗位上历练过的人，都是我们这支党和人民信赖的队伍中的精英。但是，由于工作繁忙，压力大，在这个位置上工作，读书和思考似乎就成了一种奢侈。而像傅长才同志这样，既是一名优秀的指挥员，又能结合工作实际深入思考，把自己的工作实践提升到理论高度、哲学高度，确实值得我们敬佩。

我就是怀着这样的敬佩之情，打开他的新作《警苑哲思》的。

在自序里，长才同志开诚布公地强调说："公安工作的实践，永远离不开公安工作理论的指导，不是在正确的、先进的公安工作理论指导下进行，就是在错误的、滞后的公安工作理论指导下进行。用正确的、先进的公安工作理论指导公安工作的实践，就会极大地推动和促进公安工作的发展；用错误的、滞后的公安工作理论指导公安工作实践，就会严重地阻碍和破坏公安工作的发展。”这一段话，颇有振聋发聩之感，明确地、斩钉截铁地阐明了公安工作理论对公安工作指导的必然性和紧密性，毫不犹豫地确立了公安工作理论研究和探索的重要地位。这段话，是长才同志反复思考、深思熟虑后做出的判断，也是他的这部理论专著的核心思想。

思考，为长才同志的工作插上了翅膀，让他的思想自由飞翔。他“从警30余年，坚持读书，偏好哲学”，在紧张的公安工作之余，结合自己的实践，努力在理论的海洋里遨游，“零零碎碎，积沙成塔”，积累下丰富的实践经验，形成自成一家的理论体系。在他的文章中，处处闪烁着哲学的光辉，三言两语之间，每每是精辟的分析和准确的判断。如说公安机关机构改革，他一针见血地指出：“机构改革的核心，是合与分的问题”，“职能上必须有质的特殊性，量的规定性”。如说打防结合，他说：“就全社会来说，应当坚持以防为主；就公安机关来说，应当坚持以打为主”。如说科学发展观，他旗帜鲜明地提出：“科学发展观是公安工作发展的重要指导方针及必须坚持和贯彻的重大战略思想”，我们要充分运用科学发展观的原理，“科学统筹公安工作”。于长才同志而言，显然已经形成了一整套辩证唯物主义的观点和思维方式，他在勤于学习思考的基础上，完成了由客观世界向主观世界的挺进。

近年来，像傅长才同志这样的公安基层领导干部已经越来越多，这是一件可喜的事情。他们的文化自觉，他们的理论追求，与他们对公安工作的职责感和荣誉感紧密结合，使他们成为公安战线德才兼备文武双全的优秀领导者和组织者。长才同志无疑是其中的佼佼者。他的这部《警苑哲思》，是他多年思考的总结，是他理论探索的结晶，更是一部值得我们认真研读的优秀著作。

为此，我向我的新朋友也是老朋友傅长才同志致敬！也借此机会向和他一样战斗在公安工作一线的，诸多优秀公安基层领导干部，致以我的敬礼！

警察故事：宛如寻常一段歌

我在多个文学场合提起过“公安作家群”这个概念。如在黑龙江，如在河北。提起这个概念的目的，自然是为了推动公安文学创作，也有宣传公安作家的意义。当年的“山药蛋派”，“荷花淀派”，声望至今，是为先例。当然，成为“群”，也要有条件，一是要有一批相当成熟的活跃的作家；二是要有领军人物，有一位或几位成就突出者；三是既要有鲜明的作家个性，也要有一种共性。

举黑龙江公安作家队伍为例：有一批在文坛上活跃着，为省公安厅、公安文联高度重视、扶植的作家，其中有一二位可称得上声名显赫。更重要的，这批公安作家有着共同的源自黑土地的豪爽气。他们的作品大多气势恢宏，大刀阔斧，畅快淋漓地展现了中国警察的大智大勇。这一点，构成了他们共同的文学特征。

啰唆了半天，其实主题并不是要说黑龙江，而是黑龙江的邻居：吉林。吉林省公安队伍中也有一支可以称之为“公安作家群”的创作队伍。他们的活跃不逊色于黑龙江的战友们。如果要说其中的领军人物，四平市公安文联秘书长、中国作协会员孙学军，当之无愧是“之一”。

其实我说了半天黑龙江，也还是有目的的，我是在拿黑龙江和吉林这一对兄弟省份在做一种文学创作意义上的比较。我惊奇地发现，吉林的公安作家们较为普遍地保持了另外一种文学风格。如果说黑龙江奏响的是激昂的管乐，那么吉林则就是一曲欢快的民歌。地域相连，民风相近，为什么会有这样的差异？我曾经迷惑不解。

孙学军的小说创作是吉林公安作家中风格最突出、最鲜明的，他是一位具有自觉思考和自觉尝试能力的作家。他的创作，在公安作家中独树一帜，也在形成“吉林公安作家群”中发挥了举足轻重的作用。

学军的作品我大都阅读过。第一次读他的《民警杨大兰的生活》，我就很喜欢，当时还为他写了几句话。学军把警察放置在日常生活的场景中，有意识地剥离开那些惊心动魄的事件，而只选取那些我们司空见惯的琐碎。即使是在《刑警队长》中写抓捕，也是把笔触更多放在了抓捕前的准备，抓捕中的困难，抓捕后的人物心理变化。这些零零碎碎的情节，其中很多可称为细节，构成了孙学军作品的一种韵味，一种不动声色娓娓道来的感觉。这种感觉会吸引读者跟着故事前行，也许直到掩卷之后，才会猛然品味到那些隐藏在文字后面的东西。还说《民警杨大兰的生活》，写一位普通女民警的一天，三条故事线像三条小溪缓缓流淌，日常琐碎的工作，对孩子的牵挂和与男搭档之间似有似无的情愫，一个丰满的女民警形象在不知不觉中树立在读者眼前，最终圆满完成了作品创作的初衷，成功塑造出了“这一个”基层派出所民警形象，在公安文学的人物画廊里增添了崭新的人物图谱。

学军的作品还特别注重人物的心理描写，并把这种描写也使用细微、精准的笔法来完成。在这一方面，学军笔下的警察也如剥离重大事件那样被与豪言壮语、慷慨陈词剥离，而只留下他们真实的心理活动，甚至是多少有些负面的心理活动和言行。在《刑警队长》中，抓捕前的准备，更多的不是布置任务、准备装备、安排人选，甚至宣誓表态，而是围绕这次抓捕，展现出刑警队里面对即将进行的人事调整，每个人暗中的权衡和思忖。《曲波的心事》也是如此。在调整干部的传言面前，一支手枪的莫名丢失，搅乱了整个人事格局。那些心理上的细微变化，在一个眼神、一句话中自然地被表现出来，趣味横生，引人深思。人的那些隐匿心思，被孙学军剖解出来，活生生地铺陈在读者面前。

难得的是，孙学军的创作并不是自然主义的，更不是展现所谓阴暗面，他创造出的警察形象，真实可信，但更是可亲可敬。而这种可亲可敬，用孙学军的风格表现出来，贴切，准确，流畅。他的写作，让我们感觉是用心在唱一首歌，一首寻常的、亲切的、朴实的歌，一首从他生活的土地上自然生发出来的警察颂歌。

学军除了写警察，写公安生活，还创作了另外一批作品，是索性直接描写东北风情，吉林风情的。他的小说《耳光》、《二人转》等，精炼，精致，写心理，写状态，堪称优秀篇什。这也许回答了“吉林公安作家群”的风格为什么和“黑龙江公安作家群”迥异的原因。吉林公安作家们，自觉地关注着警察的生活状态。除孙学军外，马青山的《十冬腊月》，牛力军的《营盘镇警事》，岳树民的《王铁锤的故事》等，都洋溢着浓浓的乡土气息。而黑龙江公安作家们，则更多注重于警察的战斗状态，注重于金戈铁马的厮杀。二者花开两枝，异曲同工，争奇斗艳，为公安文学的繁荣发展共同创造着一派新天新地。

值此孙学军的作品集即将付梓，遵学军嘱，写下此文。在按下保存键前回头再看，觉得似乎有些跑题。但转念一想，也算是大处着眼小处着手吧，在公安文学的大格局里谈孙学军的创作，也许更能彰显出他的独特魅力。而如果让我更准确地用一句话来形容学军，我倒想起一句老歌词来，那就是：

宛如寻常一段歌。

就此祝贺我的兄弟孙学军。

真诚之人的真诚之作

应邀为张明兄的散文集作序，乍看并不是件难事。因为和张明兄相识已近二十年，同事也有十来年了。记得当年，他是北京市西城区公安分局预审处的干部，我在市公安局宣传部门编《金盾》杂志，他是我们的骨干作者。张兄从部队转业，文字朴素扎实，作品不多，但每篇都是编辑们欢喜的稿子，因为行文严谨，几乎不用修改。2005年，他从一线退下，应邀来全国公安文联从事会刊《家园》的编辑工作，从一则通知一张照片开始做起，是这本小刊物当之无愧的创始人。时至今日，年已花甲的张明兄仍然每天风雨无阻地奔波在上班路上，勤勤恳恳地为公安文化事业而操劳。因此，为张明兄写几句话，于我责无旁贷。

然而，启动电脑，看着屏幕亮起来，开始在大脑里编织起词句的时候，我却突然有了新的感觉。一时间，竟有了茫然，有了踌躇，我突然感到为张明兄作序其实也是件难事。

难就难在张明兄实在是个太谦逊的人。翻他的散文集目录，多数篇什我都没有读过，他也极少向人提及他的写作。我惊异老兄在繁忙的工作之余，竟默默地写了那么多作品，还得过奖。而我，却一时很难从中捕捉到老兄情感上的脉络，窥见他内心世界的丰富和细致。这于我来说，实在也是惭愧了，整天忙忙碌碌在这个纷杂的社会里，对最纯粹的东西，却往往是无意的忽略。

于是我便集中精力，从脑海里努力寻找关于张明兄的记忆。那记忆往往只是片断，实在如一片片晶莹的雪花，是稍逊即逝的状态。但回忆却如一根线，逐渐地就把这片断与片断连续起来了。最终，在我的笔下，只留下两个字：真诚。

是的，用真诚形容张明兄，也许是最贴切的了。他长期从事基层公安宣传工作，但读他的散文作品，应景之作少，任务稿件少，绝大多数作品是他出自内心的诚挚之作。他写他从小生长的北京，写他的父亲母亲，也写他的工作、他的朋友、他的军旅生涯和他一些触景生情的感悟。他的文字一如既往地朴素，但随着年龄和阅历的增长丰富而更见功力，于平淡中有撼动人心的力量，有令人回想的韵味。他的这部散文集，收录的作品创作时间跨度在十年以上，正好可以看出他的积累和他的思考，是他这一段人生的足迹。

有句俗话说，文如其人。这话其实我是一直不以为然的，因为我见过很多文字俊雅而行为不敢恭维的人物。也常和文友们聊这个话题，有人说这现象好理解，缺什么才写什么嘛。我们还正琢磨此话的含意，这位老兄却又补充了一句：看我，现在就写善良了。这当然引起我们的哄堂大笑，但笑过之后，这位仁兄话里的暗讽和诙谐，也让我们回味了很久。而说到张明兄，他却是真正印证了文如其人这句话的，他文字里的真诚，是他为人真诚的写照。

我理解的真诚，是为两个层面：真，是本质；诚，为这种本质的表现形式和状态。真诚合二而一，则为一个人表里如一的美德。张明兄就是这样表里如一的人。他行文真诚，待人真诚，做事也真诚。军旅生涯给他身上留下的印迹，虽经岁月的风霜雨雪，却仍然坚守如初。在他的散文集中，有一篇《中华汉语到了最危险的时候》，我特别推荐大家一读，这篇曾引起广泛关注的文章，字里行间对中华文化的那种热爱和坚持原则的那种执着，使张明兄的真性情袒露无遗。在他而言，真诚之作是必出自他的真诚之心的。

真诚虽是所有人都承认的美德，但在今天这个良莠不分的社会里，有很多时候，真诚已沦落为人们嘴边的点缀，或是酒旗上的廉价广告词。所以，倒也应了那位仁兄的话，缺什么写什么，缺什么歌颂什么。这很无奈，却也是给我们增加了一份责任。为此，我觉得张明兄是值得学习的，他的行文，他的做人，都是我们的榜样。

寻找最合适的自我表达方式

这是一部很奇特的书，我无法把它归类于小说或散文，但细细读来，却又像是小说或散文。小说是这样写的吗？散文是这样写的吗？但是，谁又能说小说或散文不是这样写的呢？

江西省景德镇市公安局民警、鲁迅文学院公安作家研修班学员王健，就这样写了这么一部奇特的书。

在我的印象中，王健在研修班里不是个很显眼的角色。个子不高，略胖，笑容可掬，很随和的样子。但他在毕业同学通讯录上的一句留言，却让我怦然心动。这句话就是：“寻找最合适的自我表达方式”。

这一句话，让我看到了王健内心的一种追求。

凡热爱文字的人都会有追求，能把这种追求定位在“最合适的自我表达方式”上，说明王健在深思熟虑之后，对自己和自己身边的人和事，都有一个清醒而独特的认识，并在认识之后给了自己一个卓尔不群的定位。于个体来说，这并不容易，因为模仿每每是创作者起步时最初的那几块路石，而人云亦云则是最简单而且最功利的事情。从这个意义上说，王健的追求就非常令我们钦佩了，这个外表平和的小伙子，其实是个内心强大而且对自己要求甚高的人。

现在，他把这部奇特的《百步穿杨》摆在了读者的面前。匆匆拜读之后，我以为，王健的思考和他的创作实践，都当得起奇特二字，而这种奇特所展现出的，仍然是一名人民警察、一名公安作家对自己事业的执着精神。

细致观察事物是一个作家的看家本领。那么，细致观察公安事物，也可说就是一个公安作家的看家本领了。但这二者并不完全等同，显著的差异在于公安作家对于自己职业的观察体验，更蕴涵了深厚的情感因素。公安作家看向战友、群众，甚至犯罪嫌疑人的目光，始终充满了爱与憎的强烈色彩。王健笔下的数百个小故事，都来自公安生活，来自王健的观察和积累，而对于这种观察与积累，王健总结说："警察，在随时有可能流血牺牲的职业环境里，仍然乐观地面对一切困难，坚忍不拔，机智幽默，忠诚履责"！这般的爱之深切，非公安作家不可得。

观察与积累之后，当然就是创作。王健在创作时是做了一番认真思考的。他的想法，在他的《跋》里讲得很清楚，我这里不再赘述。我只说，王健在他的创作中完全体现了他的"寻找最合适的自我表达方式"的理念。在鲁迅文学院深造之后，他没有写小说，写散文，写诗歌，而是选择了"警营微故事"这样一个"接地气"的形式，用亦庄亦谐的简练笔法，一口气讲了几百个精巧的小故事。其实，王健的创作颇有中国传统小说的意味，从中不难寻觅《聊斋》、《山海经》的影子。他的独特也就在此了，他的"最合适的自我表达方式"就是汲取中华传统文化精粹，讲好今天的警察故事。

因此，我向读者们推荐王健这部奇特的《百步穿杨》，推荐这些五花八门、五颜六色的小故事，推荐这些小故事中的甜酸苦辣。你可以拿它当小说读，也可以拿它当散文读，你更可以拿它当某种教材读。我相信，你会从中发现真实的人民警察。王健的文字“百步穿杨”，一定会射中你心坎中某个最柔软的地方。

为这部奇特的书，向王健致敬。

风中竹影傲霜雪

答应为长虹新作《浣月集》作序，不是因为我是诗词界内人。坦白地说，在下不懂诗词。回想当年，和长虹等诸君初次相识，酒宴之上，长虹提议联句。余大窘，因为本人实在属于“海青”（借用曲艺俚语，指外行也），于此只有干瞪眼的份儿。心中便暗暗埋怨：这丫头，真不懂事，这不是让我下不了台么？很想拂袖而去，又怕改日有微博微信啥的渲染此事，只好硬撑，强颜欢笑，看长虹等击节吟唱，脸肌僵硬了好几天。

但也就此认识了谢长虹，且印象深刻。

谢长虹，字明，号采莲人，网名风中竹影，满族，供职于浙江省余姚市公安局。凭以上介绍，恐怕谁也以为说的是位满腹经纶的老先生。若说长虹满腹经纶，大概言过其实，但说她饱读诗书，却是恰当，她是中华诗词学会会员、全国公安诗歌诗词学会的副主任，在公安诗词界早就享有盛名。2010 年秋，全国公安文联隆重召开第二次会员代表大会，长虹有幸作为代表出席。也是在酒宴之上（当然规模要大多了），她自告奋勇朗诵了自己即兴创作的一首七律。我辈才疏学浅，只觉得深奥得很，不禁大呼不懂，引得满堂大笑。由此，全国公安文联祝春林主席也记住了“那个读诗的女孩儿”，每每提及，总是面带笑容，像长辈说到自己得意的儿孙。

全国公安文联的工作和机构，随着公安文化事业的发展繁荣，不时会有变化和调整，也可说是“摸着石头过河”。当原全国公安作协古典诗词分会和诗歌分会按领导要求即将合并时，长虹却是最激烈反对的一个。在全国公安诗歌诗词学会成立的会议上，有搞诗歌的同志很委婉地说，现代诗歌和古典诗词，渊源很深的。话里的意思是一种客气，也很真诚。不料长虹立即反驳道：“不！不一样的！”搞得会议室里一时鸦雀无声，大眼瞪小眼。事后我批评长虹：且不说从文艺理论上孰是孰非，你这种态度是否合适？长虹不作声，却显然不服气，我也只得作罢。

行文至此，哑然而笑，说是为长虹新书作序，却是揭疮疤的架势了。而且连连揭开三处，有点血淋淋的残酷。在此，向长虹道歉吧。而且，我相信，通过以上三个喜剧般的小故事，各位看官也一定看到了公安诗词家谢长虹的可贵和可爱，并且为之感动。她对中华传统文化的那种钟爱，那种痴迷，那种奉若神明甚至有些执拗的尊重，勾勒出了一个诗情画意般玲珑女子的精神世界，在当今物欲横流的社会里，应该是难得的洁净了。以她一阕《鬲溪梅令》为例：“前尘过往水云窝。半蹉跎。几次春风柳下、忆娇娥。多情属眼波。春来春去漫吟哦。或成歌。说是春光睡去、不堪磨。飞花醉里多。”有名家评论说：“词语浅近，韵味深涵，不愧天生妙手”。于长虹而言，这样的绝妙词句当然还有许多。

长虹不仅自己痴迷诗词创作，而且倾心致力于中华诗词的推广和普及。在网络上，她是公安诗坛最早的发起人之一，也是当之无愧的活跃的诗词版主。组织创作，组织诗赛，还坚持在网上为初学者开辟了讲座专栏，从诗词基础知识讲起，为战友们传播传统文化的精粹，讲述古典诗词的重要意义（当然，有时言辞仍然激烈）。创办《公安诗词》刊物，她也是主要功臣。虽然那本诗刊因种种原因只办了几期就无奈停刊了，但长虹在其间的努力，却是有目共睹。

我总以为，身为公安队伍中的一员，有正当的业余文化爱好是必要的，既是缓解紧张工作带来的压力，也是塑造人民警察核心价值和精神世界的必需。一名人民警察，不应该仅仅是赳赳武夫，更应该德才兼备、文武双全，更应该在忠诚党和人民的信念上毫不动摇。如长虹词句："真勇士，自柔情。但将肝胆许承平。青山可使埋忠骨，无愧风前说姓名"，其慷慨气，可铭刻山河；其儒雅风，可滋养精神。公安文化建设的重要性，也就在于此。从这个意义上说，长虹和如长虹一样的诸多同志，在中华传统文化传播上的不懈努力，在公安文化建设中的不断追求，实在是有着重要意义和深远影响的，如一簇薪火，燃烧自己，也照亮他人。

习近平总书记近来多次强调了继承中国传统文化的重要。总书记的讲话高屋建瓴，立意深远，很令我们鼓舞，也很值得我们深思。此时回想和长虹相识的这些岁月，她的执着和她的才华，真的很值得我们学习了。

借此《浣月集》出版，谨向谢长虹同志致敬，并祝风中竹影，一如既往地笑傲霜雪，郁郁葱葱。

怎一个侠字了得

林侠老的名字里有一侠字。此字在中国人的词典里，是有着深厚而纯粹的中国文化底蕴的。仿佛那一笔一画，浸泡了文化的酣墨。力透纸背的吐纳，都呼吸着少林与太极的松风。读词典里每一句贴切的解释，都不脱中国红的绚丽色彩。

这样的一个名字，当然清朗俊雅，更像是武侠小说中的飘逸人物。纸扇轻摇之间，就可以决胜千里之外，仿佛在那张瑶琴的丝弦上，施施然的，轻弹出高山流水的音符。

而看林侠老，却似无豪客的一动一静，更多的是文人气质，骚客风韵，和平常人的拙朴。林侠老是搞集邮研究的，几十年案头功夫，凝成这一册《邮林独语》，每每三五百字的短文，如严谨和勤奋串起的一串珍珠。林侠老的一个侠字，如剑侠手里劈斩出的点点剑花，落在方寸大的邮票里，却是心血和睿智了。

集邮是一件益事。集邮是文化的积累，也是知识的收获。人说，集邮是天下第一收藏。话似乎有些大了，故而多有不以为然者。但，集邮者之乐，却真是常人不可想象。集邮人常自嘲为疯癫。和搞集邮的朋友们往来，体会颇深。如在著名风景区游览，他们是不大看山水的。导游会常常发现他们突然不见了，去找，却见都在邮政所里盖章，买邮品，叫人哭笑不得。然而说到邮票里的掌故，他们个个儿侃侃而谈，眉飞色舞。不禁使人想到，从古至今，疯癫者多有哲人，只是行动坐卧有时异于常者罢了。想古时有一贤达，忽而起意想见朋友，遂雪夜驾舟赶往。天明时方抵达朋友家门，却转身就走，门也不敲。有人问这是为何，答曰：我既已来了，见不见朋友又有何妨？按常理说这人就是疯子无疑了，但想想那一夜，江雪飘乱，万籁无声，小船划过，宿鸟惊飞，真是诗情画意。这个中的情趣，又岂是谁都能体会的？就这一夜的轻狂，虽是文人，也当得起一个侠字。

初见林侠老时，却不见这样的狂热。老人家稳重，谦逊，话语不多。谈起来，知道老人不仅在集邮界德高望重，现任中华全国集邮联合会学术委员会委员，还是位在公安系统工作过二十五年的老警察，不禁敬重有加。林侠老对公安集邮活动多有偏爱，前不久全国公安集邮协会首次搞了理论研讨会，老人家身为评委，逐字逐句地审评全部论文，还亲临江苏江阴参会，发表了真知灼见，和公安集邮爱好者们交流。其实想想，林侠老虽无侠客之外表，却是具备着真正侠义心肠。以耄耋之年千里颠簸，虽不是雪夜轻舟，但也是车船劳顿，不是一个侠字，又是何为？

回到林侠老的这册《邮林独语》。林侠老几十年不仅醉心收藏，还对集邮学术问题非常关注，潜心研究，而且多有心得。这册《邮林独语》，就是他研究的成果与结晶。不读不知道，原来老人在许多集邮界的学术难题上都是有独到见解，甚至是做了开创性研究的。我虽不懂集邮，但翻阅此书，收获颇多，起码，我知道了邮海无涯，知道了林侠老这一叶小舟，是怎样渡过了由岁月铺陈的海面，而到达成功的彼岸的。我想象得到那一个孤独的身影，却是侠字最好的注脚。而在邮票中那缩小了的世界，当然是处处风光点点怡情了。

谨为此，向林侠老表示祝贺。

附记：其实想说的，多已在文中说过，似乎没什么可再啰嗦的了。张林侠先生，年已八旬，但鹤发童颜，为人和蔼可亲，初见之下，即有亲切感。我乃后生晚辈，除敬重老人在集邮研究上的成就外，自然感念其平易近人的作风，实为当今不多见者。更何况，老人是位老公安，曾在北京市公安局内保处任职多年，对我这个也算得老警察的人而言，心中便更是敬重有加了。

写作的警察

——写给武光及其他爱好写作的战友们

常想这样一个问题：身为警察，你为什么写作？

写作和警察似乎是风马牛不相及的事情。或者换一句话说，警察是应该用钢枪来写作的。警察的作用是旷野里的长途追击，是深巷中的殊死搏斗；是通宵达旦的案情分析会，是枯燥难熬的蹲守与监听。警察似乎命中注定是特殊材料制成的人，是与抒情浪漫格格不入的硬汉。也许，警察唯一的感情流露，是拖着疲惫的身躯走进久违的家门那一刻，沉着脸，用粗糙的大手，抚一抚迎上来的妻子鬓边的乱发。没有一句安慰的言语，没有更多的亲昵的动作，除此之外，警察，你还会什么？

但是，我知道，毕竟有警察在写作，在工作与工作、会议与会议、战斗与战斗的间隙里写作。哪怕这间隙短得只容你微微小憩，你也会放弃休息而拿起钢笔。写作的警察多少有一点“另类”，在这支雄性的队伍中似乎是一个温柔细腻的符号。你会描绘家乡的灯火：“新年的钟声又一次震醒了亿万只眼睛，所有的眼睛明亮而清澈，在冰天雪地里抖擞精神，撑起北国之春的情韵”；你会倾听白云里的足音：“在静静的屏气间，聆听到了他们的步履，像是由远及近，顷刻又由近及远”；你会赞美勇气：“缺少勇气，就要在是与非、善与恶面前徘徊，而且很有可能时不再来”；你也会歌颂善良：“找回善良，让善良伴我们同行，只要善良在我们身边，生活就是美好的”。看你，写作的警察，你在怎样地展现你的质朴、你的正直和你的清澈呢？

其实警察需要写作。写作在这里只是一种象征、一种追求和一种陶冶。警察需要的是文化，是修养，是自觉的对自身品质的升华。这一切也许仅仅来自《面对荆花的激动》：“脑际里只要闪过紫蓝色的荆花，就会想起憨厚实在的乡亲们，就一次次回味山野的清秀古朴和那份难得的舒爽”；这一切更来自《荣光和希望永远属于人民公安》的呐喊：“人虽然可以作古，但精神永存，壮歌就是用生命书写没有任何奢望和渴求的篇章”。写作的警察，不是另类，而是这个伟大职业中不可分割的一分子。你深沉而真挚的爱，永远融合在人民警察战斗的队列中。你的笔，也是你的枪，谁能忽略它的威力和它的忠诚？

写作使警察变得能文能武、亦儒亦警；写作使警察保持了观察生活品位生活的情趣。武光同志的这本集子名为《美丽的山谷》，我想：倘若每一个与邪恶搏杀的警察都有一双追寻美好的眼睛，那么，我们的生活中该有多少美好的山谷、溪流、平川、大海……

从这个意义上讲，武光同志，你的写作不仅仅是你个人的爱好了，你的写作已是人民公安进行曲中一个响亮而又抒情的音符。

附记：记忆里这应该是我有生以来第一次为朋友的作品集作序。当时心有惴惴。几次推辞，武光却坚持，使我感动。不得已时，便加了个副标题：写给武光及其他爱好写作的战友们。顾左右而言他，还有点欲盖弥彰的意思。武光，时任北京市延庆县公安局办公室副主任，憨厚朴实，少言寡语，但内秀，业余喜爱写作。他的这本散文集名为《美好的山谷》，文如其人般的朴素，令我敬佩而感亲切。

温情的文字

应老友郭群之邀，为刘湃作序。盛情难却，遂恶补关于“三边”的知识，因着老郭介绍，刘湃是个地道三边汉子。

查书，古称幽州、并州、凉州为“三边”，后泛指边疆。

另一种指意的“三边”，是说陕北榆林的定边、安边、靖边三县（其中安边后撤县改为安边镇，现在并入定边县区域）。说到榆林，我带文化小分队慰问基层，曾经路过。是真正的路过，因为并没有停车。车从榆林城边掠过时，有人说，这是陕西的西北大门。也有人说，这里现在富得流油。从地图上看，陕西就是个跪姿兵马俑，“三边”的地理位置恰好占据了面向西北的“头脸”。这样的位置，应该算是塞上边地，也似乎预示了某种重要。

古诗中有这样的句子说三边：“燕台一去客心惊，笳鼓喧喧汉将营。万里寒光生积雪，三边曙色动危旌。”历代要塞兵戎之地的铿锵，不免让人感到不寒而栗。而所谓“黄尘足今古，白骨乱蓬蒿”，也许就是过去时态旧“三边”的真实写照吧。

现在，“三边”自然今非昔比，乃至整个榆林地区，“萧瑟秋风今又是”，真是“换了人间”的。榆林地区，包括整个陕北的植树绿化、“再造秀美山川”工程，已经被联合国确认为荒漠治理的全球典范。加上改革开放以来煤、气和石油资源的开发利用，如今的“三边”，真正插上了翅膀，开始向现代化腾飞。

“三边”就这样在我眼前鲜活了起来。说来也许是巧合吧，刘湃的散文集子《我的三边》，作者固然是个地道的“三边”汉子，散文之中所涉及的内容也尽诞生在“三边”这块神奇的土地上，而他别具匠心，展示的却又是另一种形态的“三边”，那就是：“在梦里边”、“在我身边”和“在心里边”……

三个单元的内容尽管有别，体裁和风格似乎也不尽相同，但反映的都是他心灵过滤后的积淀。不管是第一单元相对纯粹的散文篇什，还是第二单元带有纪实特色甚至是通讯特写样式的记叙，抑或是第三单元直抒胸臆的随笔、言论，都不难看出作者对于自己生存的这一块土地的挚情与热爱。《走三边》、《又见故乡喜鹊飞》，唱的是梦幻般的今昔变化与对比；《青春梦想》、《我的书缘》，则是对往昔岁月一往情深的缅怀与记忆；《一个人的难度叙说》等，反映的是作者直面现实的勇气，真实记录和深入思考的功力……

纵观全书，字里行间洋溢着诗意情怀，这使我不禁想起泰戈尔对文学创作的定义，那就是把熟悉的东西变为亲近，把外在的东西化入心灵。也恰如帕乌斯托夫斯基所说：“作家、诗人、艺术家的任务，就在于颂扬生活，恰似颂扬阳光下最美好、最合理的东西”。所以我毋宁说，这些文字都是十分难能可贵的——是从生活尘埃中发现和提炼成的一朵朵文学的、艺术的蔷薇。

过去的“三边”是荒漠冷峻的，如今的“三边”是蓬勃繁荣的，而刘湃别具一格的散文“三边”，则是温情和令人感动的。这就是作者要求我写序，而我所想到的。

顺便，我也将深深的祝福送给现实的“三边”和一切文学艺术、文化和精神形态的“三边”！

附记：刘湃，男，1960年生。上世纪80年代从师范学校毕业从教，后进入警营。现任陕西省定边县公安局党委委员、纪委书记、政工监督室主任、警务督察长。据郭群同志介绍，刘湃自幼爱好文学、书法、摄影。工余笔耕不辍，相继有文稿散见于《法制日报》、《陕西日报》等报刊，并多次获奖。是中国散文家协会会员、陕西省公安文联会员、定边书画协会理事、诗词协会理事、作协理事、三边文化研究会理事。看得出，这是一个扎根于故土的文学爱好者。这样的人，是我感到亲近的。说到老郭，同样为我敬佩，因为身为陕西公安文联副主席的他，曾为了推动公安文学事业，自费办了一份文学刊物。郭群是老朋友，刘湃我不曾见面，但是文学，把我们拉到一起了。

人生把酒须尽欢

诗人艾璞邀我为他的第一部散文随笔集《月光走过心灵》作序，虽觉力有不逮，但还是欣然应允，原因有三：一是在 2007 年和他一起随“公安文化基层行”文艺小分队下基层慰问，当时有诸多感受心有灵犀；二是我曾在《首都公安报》工作，而他至今仍是《平安时报》记者，职业的相同使我们彼此亲切；三是从更深的层面说，我们都从心底热爱着公安文学创作。这就如同两个剑客邂逅，瞥见对方腰横的剑柄，就有了惺惺相惜的感应。

评论艾璞的散文随笔，却首先想到了他的长诗名篇《王法金之歌》。王法金，浙江湖州市公安局普通民警，全国公安战线一级英模，“全国我最喜爱的十大民警”之一。应该说，这些年公安战线英雄辈出，王法金也只是百花丛中的一朵，但他却有个其他英模少有的殊荣：他拥有了一首属于他自己的诗。诗人的情感和英模的思想，在字里行间交融。只有艾璞这样的公安诗人，才会写这样的诗。诗，这种在许多人那里是无病呻吟的呓语般的东西，在英雄这里被赋予了新鲜的蓬勃的生命力。说到此处，艾璞的创作，似乎已经不必多加评论了。

艾璞是从公安战线的最前沿一步步走进公安文学创作队伍的。他和王法金心灵上的沟通，是公安这个职业赋予他的特性，是他灵魂被重新塑造后的激情的自然迸发。他的这部《月光走过心灵》，可以说，对他的公安生涯有了一个回顾，对他创作《王法金之歌》的动机有了一个诠释，对他那颗在温和外表里激荡的心有了一次彻底的解剖。敞开的心扉里不仅走过月光，更有公安诗人细腻而粗犷、温柔而坚强、眼界宽广而观察细微的内心世界。

有一个有趣的现象可以一说。近来读了些公安作家的散文随笔作品，作者不约而同地从自己的人生经历入手，笔下不仅有家乡的风情，亦有从警的艰辛，有对父老的思念和对战友的眷恋，也有对世事的剖析和洞察。老实说，这样的写作偏重于自身感受，虽说可以力求做到以管窥豹，但还是在当今的文学发展态势中显出一些局限。但值得思索的是，为什么大家，包括艾璞，都书写着这样的内容呢？

我窃以为，公安作家大多如艾璞这样，他们从基层走出，血与火的洗礼对于他们来说，不是停留在字面上的诗句，而是真切的亲身体验。如艾璞这部书中的一些篇什，写抓捕时的惊心动魄，写面对死亡时的恐惧，写为老百姓办事的繁忙，都鲜活如戏，栩栩如生，因都是他的亲身经历。有了警察生活的反复历练，对生命，对人生，对亲情，自然就多了认识和留恋。这种认识和留恋是警察式的，不同凡响，却如春风化雨，熔铸了一个警察的价值观，培养了警察深沉的情感世界。艾璞之所以写《王法金之歌》，也就不难理解。而如果我们仅从文学艺术的角度去评价他的作品，也就是以偏概全了。

当然，我不否认公安文学创作的艺术性问题，也不能否认。艺术是一切艺术的生命，更是公安文学提高创作水平的命门。我也看得出，艾璞在艺术上的追求是孜孜不倦的，这表现在他在相同的题材上与别人有着不相同的更胜一筹的观察和切入。但是，如果精益求精地要求的话，希望艾璞在遣词造句上更锤炼自己。现在，你的诗还是略好于你的散文。

但是，更重要的，艾璞们的真实和沉重是应该永远保持的，因为，这实在是别的任何职业所不能体会到的，它其中所包含的正义、忠诚、勇敢和深情，是文学永远要讴歌的对象。而特别要说明的一点是，警察，并不仅仅是一个职业，它是一种职责和一种命运。

艾璞为我命题为“人生把酒须尽欢”，行文至此，似乎有些跑题。但细想想也不尽然，只是我们这里的酒，未必是寻常的酒，而是我们的一腔热血。

附记：艾璞，本名陈谊，浙江省公安厅干部，《平安时报》记者。想说的东西，在文中都说了，这里不赘述，只说一句：祝愿他的文章越写越好。

李勇的写作及其他

写下这样的标题，是因为忽然觉得，李勇的写作在公安系统具有一定的普遍性。这种普遍性，也许很值得我们探讨。

李勇把自己的作品称之为“小理论，大散文”，说是因为“既有艰辛的理论探索，也有真挚的感情抒发”。说得直白一点，他是既写公安工作理论研究文章，也写一些具文学色彩的散文杂文。仿佛一个武林高手，开山劈石的硬功夫之外，也有拈花秀手般的独门暗器，和杀伐决断后的儿女情长。读李勇的前后几部著作，都是这样的风格。依稀我们看到的，就是一个勤奋的，时刻牢记自己使命的，而又充满文化情怀的，人民警察。

由此便想到许多和他一样的同志，和他一样的创作状态，还有和他一样的作品。他们给我留下的印象，仅从文学意义上说，也许还不够深。他们在作家的道路上，留下的足迹还嫌稚嫩。但，李勇，和以李勇为代表的他们，确确实实是公安战线上不可忽视的一群人，一群公安文化人，一群以警察为标志的写作者。

公安人的写作，其实是艰难的。文学的梦太过纯洁，在残酷面前太容易破碎。我们不得不在繁忙与艰辛中浸染灵魂，也不得不在斗争中锻造性情。因而，我们的文字不能不在血与火中淬炼成一种独特的品格。我们很多人不够文学，但激情四射。我们很多人不善雕琢，但恣意的写作中自有冷峻。我们的一切都被塑造为警察了，如同换了血液，红的更红，热的更热。李勇将自己的新作命名为《公安情缘》，是已经将这种意思说到了的。

为此，李勇不能不写那些理论探索文章，那是他为公安工作奉献的心血。李勇也不能不写那些散文和杂文，那是他作为文化人的思考和作为作家的抒情。而在文化人和作家的前面，我知道，是要加了“公安”或“警察”为标志的。

我理解，这其实是我们的骄傲。行文致此，感觉已经不仅仅是在说李勇，也不是在说很多像李勇一样的作者朋友，而是也在说自己了。

我们的公安战线上还有太多的李勇。你也许会批评他的作品，但没有人不尊重他的创作。因为他和他们的创作不仅是文字上的琢磨和修饰，还有心灵的投入和职业的牺牲。

为此，向李勇致敬。

附记：其实，在正文中已经说得很清楚了，在公安系统，有很多像安徽淮北太和县的李勇这样的基层警察，不甘寂寞地在写着，记录着。他们也许并不被认可，甚至会被人说成是不务正业。而他们的境遇，也曾是我当年所遭遇到的。但我始终认为，公安战线是不能没有这样一群人的。理由何在，不言而喻。认为警察就应该没有文化的人，在今天虽不见得转变了观念，但起码，是不敢公开他的陈腐了。

家乡的魅力和艺术的角度

认识永祥很久了，久到想不起到底是在什么时候认识的。永祥不是那种很张扬的人，总属于在公众场合容易淹没在人群中的那种状态。偶然，一张憨厚端正的脸在众多的脸中一闪而过，你会想：啊，永祥也来了，永祥也在呢。

即使是这样，你也不一定就会和他聊上几句。因为当你应酬了其他人之后，你会发现永祥已经走了，悄悄地，和来的时候一样。

生活中总有这样的人存在着。他们总给你一种根须扎得很牢的感觉。像悬崖边上的一棵树，树根抓牢了岩石，就仿佛成了不可分割的血脉。

而这树，并不一定就会吸引你的目光，因为它总一声不响，淹没在郁郁葱葱之中。

永祥就是这样一个人。生于房山，长于房山，就有山一样的沉默和稳重。

其实永祥也真的是如此。他从参加工作就没离开他的家乡，没离开他的拒马河和他的石窝窝。他的血肉，他的情感，他的一切的一切，都和这块土地联系着。他的沉稳，他的低调，他的和善与他的勤奋，都像极了房山的山，于沉默中表现出一种执着的质朴性格。

就在这样的沉默中，永祥一直笔耕不辍，先有了散文集《我从山中来》，马上又要出版报告文学集《拒马警魂》了。从这两部书的书名就可以看出，从大山中走出来的永祥，对家乡有着极深的情感。

确实，家乡对每一个人的魅力都是不可抗拒的。

从狭义上说，家乡就是家乡，是人们生于斯长于斯的这一方土地。它可以具象到每一个难忘的事物，如北京的豆汁，如天津的麻花，如安徽的黄梅戏。而广义的家乡要复杂得多，要细腻得多，也要沉重得多。在异乡人心中，家乡是母亲的胸怀，是避风的港湾，是总牵挂在心的一个概念，是一个人最终的栖息之地。而当一个人离开了祖国，祖国的每一个信息就都是他魂牵梦绕的思念，在这时候，祖国就是他家乡的灵魂了，家乡就在他的思想中成为了他的精神支柱。

离家乡越远，家乡的意识就越强烈。而沉浸在家乡的怀中，家乡就是醉人的酒了，每时每刻都有一种微醺的感觉。

对永祥来说，家乡更是他创作的源泉，是他文字的灵感。看得出，永祥是有意识选择家乡的人文风物来作为自己的创作对象和思想命题的。他聪明地选择了自己最熟悉和喜爱的家乡，把自己的一腔热情倾注在稿纸上。家乡给了永祥创作的力量，家乡也给了永祥的文字一种说不出的魅力。

从文学创作角度说，文字的魅力首先来自于生活，鲜活的生活（在永祥的笔下就是他家乡的山水人文）是魅力的原动力。文字的魅力还来自创作者的构思和创新，来自他思考的角度和深度。读永祥的书稿，首先发现他选择了一个独特的角度切入，即：为什么拒马河边的村子里，当警察的有这么多人？为什么拒马河边的青年男女，不当兵就当警察？这样的思考就远比对家乡山水的咏叹要深刻得多了。这就从对家乡的朴实热爱升华到对家乡人思想高度的攀登了。这样的角度选择，是创作者自身的思考使然，是一种自觉的提高。

这就是艺术。这就是来自生活高于生活的艺术。

我为永祥感到欣慰。因为永祥的创作正走向自觉。

如果还用一棵树来形容，那么永祥这棵树已经根深叶茂，可称栋梁之材了。

当然，说不足也是有的。如果永祥在描述了拒马河畔几十位警察之后，再从更进一步的人文、历史、地理、社会诸多角度去深刻分析他们和家乡山水的关系的话，那么这部书的社会价值就会更高。

这也许是苛求。但，谁不希望自己的朋友更上层楼呢？何况永祥不仅是我的朋友，还是战友。

希望永祥在家乡的土地上把根扎得更深，早日创作出更多更好的作品来。我相信，我还会看到房山的山水在永祥的笔下更美更新！

附记：师永祥曾是北京市公安局《首都公安报》、《金盾》杂志的优秀通讯员，同时任北京市房山公安分局的团委干部，现在，则是房山区一个派出所的教导员。我应邀给他的新作写序后，他请我吃了一顿饭。席间，仍然少言寡语。不知道为什么，我的朋友中多少言寡语之人。我们在一起也许都不说话，但感觉很舒服。永祥也是一个给人感觉舒服的人。至于他的作品，文中所说不少，此处不赘述。

关于楹联的絮语

说起来惭愧，也略显滑稽，对楹联的认识竟是从相声开始的。因为喜欢这门引人欢笑的艺术，所以记住了诸如“妈妈骑马马慢妈妈骂马，妞妞牵牛牛拧妞妞拧牛”之类的句子，因其欢快幽默，便记住，并知道了楹联。

其实楹联最早也可算上“贵族艺术”。因为据记载和学者考证，楹联应该是产生于晚唐。据说，楹联始于桃符，后蜀主孟昶命学士辛寅题桃符版，“以其词不工，自命笔云：新年纳余庆，佳节号长春”，这便是历史上第一幅楹联。孟昶可是个风流倜傥的人物，又当着皇帝，不是贵族又是什么？但有趣的是，楹联却渐渐被老百姓接受了，直至成为了相声的“包袱”，可见文化的魅力是不分贫富的。

而且，楹联在发展的过程中越来越世俗化了。“忠厚传家久，诗书继世长”之类，已是人人都会背诵和书写的“俗对儿”。这不是件坏事。因为文化的真正主人还是人民大众的。一个民族的文化熏染和传承，楹联发挥了重要作用。

时至今日，楹联仍然是我们过年时很重要的内容。红纸，黑字或金字，喜庆的夺目是年终岁尾的舒展，也是对新的一年的期盼。内容当然是花样翻新了，歌颂祖国，歌颂党，赞美幸福的生活，表达美好的愿望。我记得在贵州一个边远小镇的村居门前看到过一副楹联：

"窗前走车马，室内卧人文"，感觉不仅是抒情了，更有一种陶渊明般的怡然，安居乐业的幸福跃然纸上。

文化就是这样。以诗歌、书画、歌舞、建筑、服饰……乃至楹联，种种样样的形式，渗透在我们每一个人的血液中了。一个中国人，不仅仅因为他的黄皮肤黑眼睛而是中国人，更因为他的审美和他的思维方式、他的文化传承。楹联也许只是他茶余饭后的一点消遣，但在他内心的角落里，却是不可磨灭的记忆。

所以楹联，永远是中国人生活的一部分了。我们用楹联表达着我们的情感，而且用楹联传达着该传达的信息。就像安徽省公安文联做的这样，把楹联的艺术信息融化在警民关系的联系里边，使我们的警察公共关系建设增添了文化的内涵，使节日的喜庆里又多了一种安宁和谐的情感。

收录在这本楹联集里的，是安徽省公安文联在2009年内在全省公安机关范围内开展的公安楹联征集活动中的优秀作品。到2010年的春节，这些优秀楹联就将由著名书法家们书写成联，贴到全省公安机关的大门上，送到人民群众的家中。现在，我们就仿佛可以看到了，鲜艳的红色楹联将在烟花和歌舞映衬里，把警与民的心连在一起。

我总认为，公安文化建设要因地制宜，要从地域文化和传统文化上寻找突破口，在民警和群众喜闻乐见上下功夫。安徽省公安文联的做法就是这样，所以他们的做法是值得推广值得借鉴的。

"立警为民出警为民民称邦本，以身报国以心报国国是家根"。这是这次楹联征集活动一等奖获奖作品。这样的赤胆忠心，可昭日月，可感天地。这样的誓言告之民众，怎不令人动容?

最后，再以一联收笔："热血铸金盾，丹心写赤诚"。

附记：本篇是应安徽省公安文联要求，为他们所编楹联集而作的序言。说到安徽省公安文联，必然要说到其秘书长时卫东先生。老时是个性格温和的人，脸上的表情基本上永远是微笑。喜书法，爱摄影，工作上扎实肯干。每年一次的新楹联征集活动，搞得有声有色。说句心里话，地方公安文联工作不易，但老时是真的尽力了，而且无怨无悔。

如细雨般的温暖

这些年去的最多的城市，就是湖州。印象里差不多每次去，都会遇到雨，而且，总是那种似有似无的细雨。伫立在赵孟頫纪念馆的庭院里，看雨滴在锦鲤的脊背上点缀出涟漪，是一种享受。我由此爱上湖州。

了解一座城市的文化，当然要多多地去这座城市才好，特别是如湖州这样有深厚文化积淀的城市。湖笔店里的墨香，藏书楼中的书香，甚至还有丁莲芳店里的淡淡油香，都把这座精致的小城浸润得亲切、柔和、甜美，也把每一个湖州人的性格塑造得如细雨般的温暖、细致。在湖州，每一天的生活都会过得平静而安详。街道上走过两名威武的巡逻民警，脸上也会是平和的笑容。

确实，湖州的警察，也是文化的创造者和受益者了。在我的想象中，他们如细雨中的松和柳，飘飘洒洒，勤勤恳恳，默默无声，却在平安湖州的鲜活戏剧里，扮演着重要的角色。

像是为了印证我的想象，这本《警务广场·故事会》摆到了我的案头。我想，此刻湖州又在下雨吧，春天的湖州湿润如玉，我仿佛又看到太湖边的绿色了。

翻开书卷，一个个活泼生动的故事跃然纸上，一个个湖州警察朋友的笑容也浮现在了眼前。这些年，湖州公安以警务广场为载体，以警营文化为抓手，响亮地提出了“民意主导警务”的口号，大刀阔斧地推行警务体制改革，全面促进了湖州公安事业的蓬勃发展。他们的一条条经验、一个个做法，细雨如丝，润物无声，融和了湖州警与民之间的深厚情感，打造出了坚固的警民合作共同体。书籍中的故事就采撷于这个感人的过程，每一个故事都短小精悍，如湖州的细雨，点点滴滴都是温暖的。

感谢湖州市公安局党委，用故事的形式记录下了这几年他们走过的路，也勾勒出那么多鲜明的人物形象。

我记住了吴兴区东林派出所“螺蛳壳里做道场”的故事。为了让群众满意，他们宁可让自己的办事民警挤得转不开身，也要把接待室的窗口向里缩进一段距离。而当得知群众还不十分满意，他们又多方联系，争取到新的办公场所，让来办事的群众真正风雨无阻。

我记住了安吉县昌硕派出所的办案故事。遭遇抢劫的面包店女职工惊魂不定，副所长林欢欢就把她们请到自己的车上，给她们展示和介绍全套警用装备，和她们闲聊天。他是为了安抚姑娘们的情绪，他不愿意看到无辜群众那种在犯罪行为面前的无助和惊恐。

我记住了铺递派出所警官陈永祥的二胡。一曲《二泉映月》，拉近了他和老伯的距离。我也记住了小裘警官的“安全体检”，他的活络脑筋解决了辖区安全的大问题。我还记住了乾元派出所城北警务室每年除夕和乡亲们吃的年夜饭，记住了开发区分局康山派出所在为辖区市场商户安装警铃时，为了不惊扰群众，专门找技术部门调整了铃声……

我记住的，还有很多。我感叹的，也有很多。

曾多次到过马长林警务室，听矮矮胖胖的马长林讲述他和社区群众的故事，参观他的警务室。也多次到过南浔的百间楼，看群众在警务室门边小坐，和民警拉家常。百间楼警务室依河而建，古旧的木质结构和烟雨蒙蒙的水乡，有一种说不出的和谐。我曾感叹说，如果评选“全国最美警务室”，百间楼当之无愧。照片发到微信里，赞成者众。

这就是湖州，这就是湖州的民警。细雨落到地面，滋润土壤，孕育禾苗。细雨落入江河，融成大海，积聚力量。民警们所做的每一件小事，都似乎小到微乎其微，可他们在关注群众利益上的心细如发，却体现出了博大的胸怀和赤诚的情感。他们的心中，装得下湖州，装得下百姓，更装得下一名人民警察沉甸甸的责任。

于是，细细地读这本《警务广场·故事会》，你就不能不感动，不能不由内心生发出对湖州警察的崇高敬意。

说到此，却想起近来读到的另一部精短作品，即著名作家李迪先生的《警官王快乐》系列。说起这部书，值得一提的有两点：一是其中很多故事原型也来自湖州警方，可见湖州公安名声在外，不仅群众欢迎，也引起了文学大家的高度关注和赞扬；二是作品的体例也是精致短小的一篇篇故事，人物栩栩如生，故事跌宕起伏，和眼前的《警务广场·故事会》，简直有异曲同工之妙了。都是人民警察的一曲颂歌，也都是公安文化创造出的一篇佳构。就作品本身而言，它们给我们的启示也像细雨滋养大地，会在公安文学、公安文化的创造中发挥更深远的影响。

我曾经两次带鲁迅文学院公安作家研修班到湖州考察。湖州市委常委、市公安局长金伯中同志先后两次亲自为学员授课，讲述他的先进执法理念和湖州公安的辉煌业绩，使大家受益匪浅。鲁迅文学院教研部主任、著名评论家郭艳女士曾感慨地为金局长撰联：

菰城文脉气韵化感福荫千年

湖州民意广场共治惠泽天下

仅以此联感谢湖州市公安局的诸位同志，感谢金伯中局长，感谢湖州全体民警战友。

也感谢我们这个伟大的时代。希望在每一个中国人的中国梦里，都有绵绵的细雨，温暖着我们的心。

纯朴如胜田

读胜田散文，纯朴这个词就浮现在眼前了。现如今，可用纯朴来定义的东西已经不多，故而这个词也就金贵起来，想想用它形容胜田，倒也贴切的。

其实和胜田见面不过二次，算不得深交。第一次是他来北京提交参加“卫士之光”展览的画作。匆匆之间，只留下不善言谈的印象。后来听说其画作得了奖，印象算是深了一些，知道胜田原来是个优秀画家。其他的，也不甚了了。我在北京，胜田居河北，路虽不远，但都公务繁忙。而今这个世界，人和人的交往也都淡淡，擦肩而过是彼此都习以为常的事情。情淡如水曾经是追求的雅致，现在却是一种生活常态，蕴含的已经不仅仅是文化了。

胜田却常常发条短信息给我。话语仍然不多，但实实在在，有一种熟识而不见外的感觉。特别是约我为他的散文集作序，真的让我心动了一下。纯朴这个形容词，就在此时跳出了我的脑海。我不是什么大家，偶然写序，也多是为多年好友捧场。一面之识的胜田约我，当然是以我为友了。我心虽揣揣，却也欣然。胜田的纯朴，可见心之坦荡。

今年四月，牡丹盛放之时，我与胜田在洛阳第二次见面。花香缥缈，华贵雍容，万般景致就让人陶醉其中了。和胜田把酒，微醺时击节歌舞，心和心的距离瞬间跨越千山万水。只是行色匆匆，未能亲睹胜田作画，引为憾事。

回京后读胜田的文章。掩卷思索，翻来覆去，仍只觉得纯朴是最好也最恰当的形容。胜田，农家子弟，军营娇子，转业后进警察队伍供职。一路走来，丰收的金黄，军旅的深绿，警服的蔚蓝，虽都在胜田的画笔下化作了斑斓，但三段生活本质上共同的纯粹，已铸就了胜田心灵上的朴实。

不必一一列举胜田的文章内容。他写父亲，写母亲，写战友，写乡亲，写从小的玩伴，写逝去的故人。也写感悟，写情谊，写对山水的眷恋，写对职业的忠诚。信笔拈来，挥洒自如，似乎不假思索，真情蕴含其中。纯朴之情溢于言表，仿佛不是写给读者，而是自己对自己的审视和述说。就如华山之巅，独孤求败，云海苍茫，心随天意，不拘世间之俗也。

当然，胜田的文字尚有不足之处，起承转合间还嫌生涩。但其中的真情真意实属难能可贵。当下社会，游戏文字者多，字里行间只见矫情与浮躁。相对而言，我倒是更喜欢胜田的纯朴了。

唯此，祝愿胜田保持这份纯朴。

附记：王胜田，河北省石家庄市公安局基层干部。曾从军，亦作画，朴实憨厚的燕赵汉子。我喜欢结交这样的朋友，即使算不上朋友，也有一种共同的感觉在的。

第三辑　竹林剪影

海岩一二三

提笔写海岩，一时怔愣，竟有了不知从何下笔之感。感觉这位交往了三十余年的老朋友，面目突然模糊起来。像雾里看花，美虽美的，但却是浸洇过的熟宣了。

写人本就是难的。有两种人更难，一种是平庸之辈，碌碌无为且不说，性格也平淡，语不惊人，笑无高声，连株花草也不养的。另一种是有大成就者，说出来哪一件也是惊天动地，让你觉得无从下笔，少了亲近感，也就剥夺了读者的些许乐趣。很不幸，海岩属于后者。

于是犹豫了几天。编辑催得紧，不交账恐怕已是不行，咬咬牙，才决定来揭揭老朋友的底牌。看看花团锦簇之外，海岩的那些小，而且闲的情趣。

这样想了，首先就有一群猫猫狗狗浮现。海岩在北京圈内是知名的宠物人士，据说多时曾养过十余只大大小小的狗仔和猫咪。海岩说起猫狗如数家珍，品种习性一清二楚的。印象最深，是一次说到小鹿犬，他便郑重地告诫道，这狗抱着时不能随便往地下扔，它的腿太脆弱，很容易骨折。其实本人那时丝毫没有养育狗狗的意思，他是对牛弹琴了。还有一次碰面时见他喜形于色，控制不住的欢欣，问起来，却是他的一只名贵猫有了后代。于是，有人私下打趣，说是他老人家抱了孙子。

接着我想到的，就是黄花梨了。最近海岩和朋友们一起在京郊创办了一处黄花梨艺术馆，陈列的都是他多年收藏下来的黄花梨家具。古今中外，满目琳琅。我辈乃俗人，知道黄花梨已经是濒临灭绝的珍贵物种，用它制作的物件哪怕是一双筷子，也已是宝贝，游览下来不免很低贱地问这些名贵东西值多少钱。他严肃说，已经签了协议，这些宝贝不再属于他个人，而将永久在这里展示，因为这是中国的优秀传统文化，再不保留就没人了解了。

敬佩之余，就想到海岩的另一个喜好了，他酷爱室内装潢设计。他任职的昆仑饭店，竟有大多数的场所是他的手笔。大概是从黄花梨上得来的灵感和审美，他的设计多雅致，大气，绝无哗众取宠之意，却于不动声色中流露出一种高贵感和一种时尚意识。饭店的岩酒廊里陈列些红或绿的兵马俑，他介绍说，其实就是街头常见的劣质旅游品，买来后自己精心涂了漆，便成了别致的陈列，有化腐朽为神奇的巧妙了。

曾有一家汽车厂家欲请海岩代言他们的一款车，理由是海岩是跨界成功人士，而他们这款车也是集跑车、轿车和越野车性能为一身的。此事后来如何，不知道，但海岩这跨界成功人士的头衔，却是名副其实的。我们在交谈中一致认为，艺术本就是相通的，黄花梨的高贵，设计上的审美，文学创作中的追求，还有酒店管理的游刃有余，都体现了海岩对美好事物的一种执着。

我倒是从另一方面解读海岩了：对宠物的爱体现了善良，对黄花梨的爱体现了高雅，对设计工作的爱体现了美好，对文学创作的爱体现了责任……就是这样的，海岩“高大上”起来了。

行文至此，又想起海岩一项荣誉，他是昆仑饭店职工运动会游泳项目冠军。

所有的荣耀之外又加上了健康，于是，海岩等于灿烂阳光。

对话海岩：文学是时代的呼唤

昆仑饭店岩酒廊。错落有致的庭院和房间，被巨大的玻璃窗隔开而连接，精致，典雅，有一种亦幻亦真的感觉，很适合谈文学。我和海岩相向而坐，淡淡的春茶香在我们中间缓缓飘浮。

海岩，锦江集团副总裁，北京昆仑饭店总经理。中国作协全国委员会委员、全国公安文联副主席，著名作家、设计家、收藏家……头衔众多，光环熠熠。而坐在我对面的他，却是面带谦和，平易可亲。说起近况，他说他现在写得比较少了，更多精力放在中国传统文化的研究上。但是，最近也完成了一部电影剧本。问及剧名，他笑笑：保密。

——张策

□张策：谈海岩的创作当然要从《便衣警察》谈起。应该说，这是文学界公认的你的代表作，也是公安文学在“文革”之后的重大破冰之作。于公安文学来说，它的重大意义可以说是永远不可磨灭的。《便衣警察》出版是在1985年，也是你的处女作，当时你是出于什么样的动机创作了这部优秀作品？

■海岩：一是因为我当时还在公安一线工作着，是公安部侦查部门的一名干部，对职业和身边的战友有着深厚的感情。二是因为当时看了许多所谓“地摊文学”，很惊讶这样的烂东西也可以印成铅字？我们这一代人对铅字是崇拜的，这种铅字崇拜一旦被打破，我就想为什么我不能写些什么呢？所以说起来很好笑，很多人是因为读了经典而感动拿起笔来，我却是因被低俗所刺激而开始文学创作。

□张策：这其实是一种社会责任感。无论是从警察职业而言，还是从作家角度谈这个问题，社会责任感都是题中必有之意。我始终认为，这是这两个身份最大的共同点。

■海岩：一开始当然是“地下工作”，连我家里人都不知道我在写东西。直到有一天被父亲发现，他看了前两章，只说了一句话：“我要不是你爸爸我肯定不看”，完全是否定的态度。但是，当天晚上，他就来找我要后面的章节了。我这就知道，我的东西还是可以看的。1983 年，我把稿子邮寄给人民文学出版社，三个月后没回复，我就登门去问，得到的回答是“我们是文学出版社，不出版公安的书”。我说，“你们看一页，看不下去我拿走”。之后，就出版了。后来我知道，在人民文学出版社，自发来稿的成功率不足千分之一。出版社的同志说，他们从没有看到过公安题材可以这样写。

□张策：《便衣警察》确实突破了《国庆十点钟》、《跟踪追击》等“文革”前十七年公安文学的窝臼，更摒弃了“文革”中一些“高大全”作品的路数，开创了新时代公安文学的新途径。你后来又以同样的风格创作了《死于青春》、《我不是个好警察》、《我的孩子我的故乡》等优秀作品。但是，后来你的风格就转变了，公安工作被逐渐推到了背景上，而重点放在了描写人性描写感情上。这是因为你脱离了公安工作一线转而从事企业工作的原因吗？一般说，职业是会影响作家的创作取向的，尤其是你后来的工作注定使你的眼界更开阔、更前沿，也更绚丽多彩。

■海岩：文学是时代的呼唤。现在还有一些同志，特别是老同志说，希望你回到《便衣警察》的风格上去。我要说的是，什么时代产生什么样的文学，在《便衣警察》的时代，我们面对的是“四人帮”的被打倒和改革开放的兴起，人们对政治斗争的关注和对国家命运的忧虑是时代的主旋律。而随着改革开放的逐步进入，价值取向的多元化，人民生活水平的不断提高，已经使人们开始更多关注自己的命运和自己的利益了。甚至，金钱的诱惑，物质的享受，我们的社会出现了更多负面的东西。我的思考自然而然地就转向了我们应该坚守什么的问题。

□张策：你说的非常好。有些人评价你后来的作品，如《永不瞑目》、《玉观音》、《一场风花雪月的事》等，都习惯贴上“爱情小说”的标签，为主人公的爱情悲剧而扼腕。我却认为，这是并没有读懂你的作品的深刻内涵。你所要表达的，其实是对美好的一种执着坚守和不懈追求。

■海岩：是的。衡量一个社会是否正常，不用考察它的政治、经济、文化，只要看在这个社会里，品行不端的人、道德败坏的人是不是活得自由自在。如果这样的人活得不自在，那么这个社会就是健康的，否则，这个社会就有问题了。作家的责任，就是要在正义与邪恶、美好与丑陋、金钱与情感的搏杀中，坚持自己的正确导向，保守自己的道德底线。我的作品大多以悲剧收尾，其实是表达了我的不满、愤怒、忧虑和思考。

□张策：公安文学是先天具备了这种惩恶扬善的功能的。职业注定了我们的公安民警要永远面对真善美和假丑恶的激烈厮杀，并且置身其中，甚至不惜牺牲自己的生命。你虽然已经长期从事企业工作，但你的灵魂还在公安事业之中，你的血液里仍然流淌着一个公安作家的激情。这是在当今社会，作为一个书写者，最难得的品质。

■海岩：当前的文化发展有一种过度产业化的倾向，这是错误的。过度产业化其实正好限制了文化的发展繁荣。电影追求票房，图书追求印数，电视追求收视率，那么作品的政治意义和社会效益谁来考虑？是不是只要有钱赚，多么低俗的东西也要追捧？我现在写得比较慢了，一是因为工作忙，我始终是一个业余作者，二是因为我的思考越来越痛苦。目前，我在工作之余还在做一些别的事情，我自认为可以做好的事情。

□张策：说到这一点，我想到社会对你的一个称呼：跨界名人。好像说你做什么都可以做好。室内美术设计，黄花梨家具收藏，等等。听说这间岩酒廊也是你设计的，我感觉整体上依然体现了你在文学作品中的追求，是对美好和优雅的完美体现，有一种静谧的感觉在里边，使人不由自主地会在这里安静下来。你对黄花梨的热爱也是如此，高贵，典雅，精致，应该是黄花梨最吸引你的地方。

■海岩：是的。人们常说，艺术是相通的。你的观察是准确的，文学也好，设计也好，收藏也好，我都从中自觉地追逐着一种美好。对黄花梨的喜好还不仅仅是收藏上的意义，我是想为中国传统文化的传承做一些有益的事情。习总书记最近讲到，中国传统文化是社会主义文化的起源和组成部分。这个论述是非常正确的。

□张策：你的最新一部小说是《长安盗》。我认为这是一部多少被忽视了的作品，它的重要性还有待人们去认识。我的观点是，这是一部海岩的继承之作，也是突破之作。继承，是指它重点通过一起盗墓案件的侦破过程描写，浓墨重彩地讴歌了公安人员的奉献和功绩，某种意义上回归了《便衣警察》的风格。突破，是指你第一次将笔墨延伸到了历史深处，唐代和现实的穿插描写，很有时尚的穿越风格，也加深了作品内涵的厚度。

■海岩：《长安盗》的创作是一次很困难的尝试。首先它是有一个真实案例作基础的，如何摆脱真实的束缚是个难题。我当时是处于一种不得不写的尴尬境地，办案单位的同志找上门来，盛情难却。其次也确实有考虑怎么才能写出一部与众不同的作品。作家是需要不断超越自己战胜自己的。我坚持了我一贯的思考，也尝试了用唐代的故事来加强主题，还是对错误的价值观、荒谬的历史观进行剖析和批判，还是强调了信仰和信任这样一个主题。

□张策：尽管文学的未来仍是一个争议的话题，但文学仍然是受到众多读者喜爱的。公安文学也在这种争议中发展着，壮大着，新作者在成长，在强大。你对他们有什么希望和嘱托吗？

■海岩：要坚信，文以载道，而不仅仅是载乐，或载利。要坚持写深刻主题，要有一定的社会责任意识，要相信我们的社会会向好的方面转化，并且为这种转化而努力传播正能量，发挥一种推动作用。还是那句老话，文学是时代的呼唤，让我们一起努力，为这个时代而发声吧。

张策（作家，全国公安文联秘书长）

海岩（作家，全国公安文联副主席）

燕妮的创作

作家的创作历程，大抵是有阶段之说的。如我所尊敬的汪曾祺先生，早年写小说，偏意识流，很现代，很先锋。“文革”前夕阴差阳错开始京剧创作，写了著名的《沙家浜》，也由此险些跌入政治漩涡。至晚年，艺术风格大变，行云流水般的秀丽，云淡风轻处的自然，终成大家风范。也难怪的，一个人一生坎坎坷坷，峰回路转，反映在笔端，难免会是峰峦般的起伏，或曲径似的蜿蜒。个中滋味，是只有自己体会的了。

燕妮虽比不得汪先生的名望，但她的文学创作，自 1985 年起至今，也可称得上笔耕不辍。说起来，三十载风霜雨雪，于成名侠客也许只是一瞬，不过是剑尖上的寒光闪过，而对于写作者来说，三十年，却真的是熬心血的事了。

三十年的文学之路，燕妮经历了三个界线分明的阶段：1985 年至 1989 年的大学时期，可谓青葱岁月，她一直在写诗歌，是典型的校园诗人。自 1989 年做了编辑、记者，她的创作转以散文、报告文学为主。2000 年的时候，她接触了影视创作，由此走进银屏背后的世界，至今几十部电视剧，十余部电影，可称硕果累累。

说界线分明，是说燕妮在一个阶段中基本只写一种或两种文学样式。像 1989 年大学毕业之后，她基本上就不再写诗了。而从 2000 年开始，她也没再碰过除影视之外的任何文学样式。这样的状态，简单地说，往往是工作调整使然，或者说，是客观因素所至。还举汪曾祺先生为例，他老人家也是在调入京剧院之后，才开始奉命写剧本的。燕妮也如此。在《金盾》杂志、《首都公安报》供职，工作需要，自然写散文和报告文学。调到了公安部金盾影视文化中心，才开始尝试写剧本。在中国社会，工作的变动始终是大事情，几乎是命运的代名词，左右了一个作家的创作也并不奇怪。

但是，这也还仅仅是客观因素。客观的东西往往浮于表面的，如河上的涟漪，可联想到水底有鱼，却看不到头尾。真正的鱼却是沉在水下的，沉在人的思想和人的品格里。

燕妮是个率性的人。和她接触多了，便知她人如水晶般透明，喜怒均在脸上，眉宇间皆为好恶。当年大学毕业时同学互相赠言，就有人在留言册上评她为疾恶如仇，她还颇为不解。率真之人就是这样的，往往自己对自己没有认识，或者说不屑去认识。不像心胸狭隘的人，每天都小心翼翼地审视自己，也审视别人。燕妮这样的性格反映在生活和工作上，得罪人是有的，但坦荡和正直却终令人称道。而这样的人还有一个特点，往往对世俗不那么认真，活得潇洒恣意，或者说，活在自己的境界里。

燕妮就是如此的。说到创作，她始终说自己并不热衷，甚至直言，并不那么热爱文学。那么她的创作体裁呈现出随着客观的变化而变化，顺其自然，就是很合情理的事情了。从中反映出的，是她对生活状态的淡然和随意。如果再更进一步分析，则是她对思想层面的重视。如果直白地评价她的创作，文学样式上的随性，是对形式的轻视，而创作内容的严谨，却是思想深邃的一种表现。

燕妮的创作其实严谨。已故著名导演徐庆东先生曾执导过燕妮的电视剧《生死锐变》，就曾感慨道：你的剧本就像一只编织严密的筐，要想拆，拆了再想编，太难做到了。其实电视剧创作的功夫就在讲故事，把一个故事讲得跌宕起伏，讲得错综复杂，讲得脉络分明，也确是不易。但真正的不容易，其实是思想脉络上的构建。完整的故事和无数的细节，是用来讲述、用来丰富一个鲜明而正确的主题的。就像人的动作，大脑形成了思维，五官四肢要协调动作来完成这思维，如断了一指，说起来好像也没什么，但思维的执行就必然打了折扣的。而更重要的，思维若错，动作必错，越灵巧的五指，做出来的越是谬误，也许就是“咸猪手”了。这样的协调一致，是创作者的笔下功夫，也是她的思路缜密，更是她的精神追求。

如若举反证的话，可看现在充斥银屏的那些所谓生活剧。常有人戏说，某某剧要砍掉若干集，仍然讲得通；观众睡一觉，也全然不觉得有什么剧情丢失，更不会不理解他在唠叨什么无聊的意思。这当然就不是筐了，是筛子，或者，连筛子都算不上的。

燕妮天然对哲学和信仰层面的东西感兴趣。接触她的创作多了，会发现她和诸多所谓作家的思路恰恰相悖。她是从思想的源泉中吸取灵感，再用饱满的故事为这灵感添加上血与肉的。从早年还不太成熟的诗作，到后来即使大多是遵命文学的散文和报告文学，她都顽强遵循着这一难能可贵的创作思维。到了今天，作为思想成熟的剧作家，燕妮更是厌恶那些媚俗之作，她有强烈的意识，并且有自觉的行动，要在自己的作品中，传达一种真正的正能量。

这就很好解释了为什么一个自称不热爱文学的人却坚持了三十年的文学创作，也很好解释了一个生活很随意的人为什么在文学创作上极为严肃的原因。因为她的创作，不仅仅是创作，而是表达了她对生活、对世界、对人类的认识和解读，表达了一个有良心的写作者的社会责任和担当，表达了一个个体的人，对人类社会的思考和忧虑。

我总也以为，艺术手段是服从于思想的。这指两个层面：一是在文本中所表达出的，是文字的深刻；二是在作家的创作过程中所体现的，是作家本身的创作态度。创作态度不认真，必然出不了有内涵的作品。而更可悲的是，现实中有些人的创作态度是认真的，却制作着一堆堆美丽的文化垃圾。这就是作家本身的问题了。思想不端正，思路不清晰，在细枝末节上的雕琢，华而不实，甚至堕落为甜蜜的毒药，成为贻害社会的疮疽。

这样说起来，燕妮的创作就更显难能可贵，也成为我努力为她编辑这部文集的初衷。

前面说过的，自从开始影视创作之后，燕妮就不再写其他的东西。而且出于她的性格，她也从不刻意存留或收集这之前的作品。这使我的编辑工作变得很困难，有点像在茫茫的夏夜里，捕捉那点点的流萤。所以，遗漏在所难免，特别是她早期那些稚嫩但充满活力的诗作。好在这部书最重要的功能，是一种自我纪念，是回望青春的感慨，是盘点过程的总结。人生就是这样的，如果自己不为自己留下些什么，也是遗憾。

作为编辑者，也作为最亲密的伴侣，我感谢燕妮，感谢她不懈的努力，感谢她高尚的追求，更要感谢她给我的温暖。

一个警察作家的多彩人生

李晓重坐到我面前，脸上是有点狡黠的微笑。他从兜里掏出个小巧的烟斗给我："您尝尝这个，尝尝。"那烟斗是专门供我这样不会抽烟的"棒槌"试用的，用玉米芯制作，粗糙但适用。我推脱说我抽不好烟斗，晓重却仍然坚持："尝尝，您尝尝。"我还是犹豫。他又变戏法似的掏出个更精致的小鼻烟壶："要不，您来这个?"我当然不好意思再推，便小心翼翼地把小铜勺放到鼻子下边。顿时，一股清凉直通肺腑，真是舒服极了……

这感觉倒像李晓重给人的印象了，总是那么让人舒服的一个天津朋友，一个天津警察，一个天津警察作家。每次他从我这儿离开回天津，总是要反复叮嘱："来天津，一定找我，咱听相声，喝啤酒，吃嘎巴菜。我跟您说，咱还不吃狗不理，那东西，没嘛儿。"

李晓重热爱他的家乡天津，也好交朋友。他还是相声门里出身，他的师傅是大名鼎鼎的侯耀华。"在圈里，咱辈分儿不低。"他一本正经地告诉我。

但是，我也听到过关于李晓重的不同反映。在鲁迅文学院，提起第十一期青年作家高级研讨班学员李晓重这个名字，很多老师的脸上都会浮起一种奇怪的笑容，要形容这种笑容的内涵，还真不容易，也许只能用"复杂"来概括。我刨根问底地追问下去，成曾樾副院长说：“晓重嘛，哈哈，有意思……”

“有意思”的李晓重，在听了我复述的成院长评语后，坏笑：“我把他们的班委会，给颠覆了。”

真相是我许久以后才知道的。其实，我也早就猜出来了个大概。在很长时间内，文学界对公安文学、警察作家是多少有些偏见的。一个警察作家堂而皇之地进了鲁迅文学院，有些自视甚高的作家同学们不大看得惯，难免有些冷言冷语。换了别人，如也在鲁院学习过的，好脾气的山东公安作家宗利华，也许一笑了之。而晓重不行，他说：“我一定要让他们认识认识，什么是公安，什么是警察！”

于是，除了创作上的激烈竞争外，难免有些天津卫的“嘎”招儿，李晓重会使将出来。我没有细问他都使了哪些招数，也没有问他是怎样“颠覆”班委会的，因为我敬重李晓重，敬重他对公安形象的那种维护，尽管他的行动可能会有些过火，让他的某些同学们哭笑不得。

鲁迅文学院，中国作家的最高殿堂，培养了无数中国文学界的顶尖作家，也在后来连续三期的公安作家研修班中，为公安文学的腾飞贡献了难能可贵的支持和奉献。如果说今天的公安文学之火正是烧得最旺的时候，那么鲁迅文学院就是为这把火添加柴薪的人。多年之后，我和鲁院的诸位领导、老师都成了无话不谈的朋友。有一回，一位先生在酒桌上对我说：“我们认识公安，是从李晓重开始的。”

我相信，这话是诚恳的，真心的。

李晓重，现在北京铁路公安局天津公安处工作。他做过乘警，也在车站打过扒，管理过治安，和社会上的三教九流都打过交道。这种人生经历给他带来的，是丰富的生命体验，是强烈的社会责任意识。2009年，他的长篇小说《走火》，荣获第十届金盾文学奖，位列长篇小说的第一名。这是属于李晓重的崭露头角，是他在公安题材文学创作上的突破和腾飞。更应该说，是他多年生活积累的一次厚积薄发。我在网上搜关于《走火》的评论，其中有一篇文章的标题使我很感兴趣，叫《有一种阅读叫快乐》，文中说，“作者在快乐地写字，这种快乐写字的态度是以往任何一部小说里都不曾给我的感受，我爱这种感受，所以我快乐地接下了作者送上的快乐。”这个评价，我认为是抓住了李晓重的某种神韵。

在许多警察作家那里，沉重是主要的基调。这也不奇怪，我们面对的，就是沉重的责任和沉重的生活，牺牲与奉献，是警察的生命主题。反映到警察作家们的笔下，这种沉重就是一种真实，一种严肃。而用快乐来形容一个警察作家的写作，来形容他的作品，也许，非李晓重莫属。晓重并非不关注沉重，他和我在一起时，常常谈论的，是关于警察这个职业的历史责任担当，是如何用文学形式来描述和讴歌这种担当。在李晓重丰富的内心世界里，警察有责任，也有痛苦和眼泪。但警察不应仅有悲伤，更应该有笑声，有幸福，有他钟爱的烟斗和红酒。

值得一说的是，李晓重的乐观，充满了昂扬向上的正能量，或者说，是正能量给了他乐观的生活态度。最近，他涉足话剧创作，反映社区民警生活的《幸福花儿开》，又是一部诙谐幽默的轻喜剧。有评论家这样评说李晓重和他的创作：“当一部作品从起始到结尾都让人看得激情不已且不忍放手时，我们有理由相信作者在创作的时候一定比我们更激动、更快乐”。

《走火》正在由某影视公司改编为电视剧，李晓重又快乐地成为了编剧之一。

其实快乐是一个很值得我们研究和思考的话题。快乐因子于一个人来说，看上去是与生俱来的东西，其实更是多种因素的共同作用。它蕴涵在人的血液中，影响甚至左右着一个人的价值观和世界观。以李晓重为例，书香门第的家世，天津文化的浸染，自身性格的豁达，公安工作的锻炼，仿佛是上天的厚爱，一切都集晓重一身，使之养成了健康乐观的处世哲学和文学理念，而这一切，更在公安工作赋予晓重的爱憎分明、坚定不移之下，凝聚成了属于李晓重的独特人格魅力。

前几天刚刚读过晓重的另一部长篇小说《发现》。这是一部比较典型的公安题材作品。说其典型，是指它以一起起惊心动魄的案件为主线，以塑造和歌颂公安民警的英雄形象为核心，是一部读来引人入胜的小说。说来也有意思，我是在读了这部作品之后才更加清晰地意识到晓重的快乐是多么重要，且因为这部《发现》并没有《走火》那样快乐了，尽管它也是优秀的。我理解，身处越来越艰难的公安工作之中，快乐对于人民警察来说，也确实越来越稀少而珍贵了。责任重于泰山的我们，承受着巨大的压力挤压，我们只能变得更坚强。我和晓重谈我的读后感受，他不回答，只淡淡地笑，然后又拿出玉米芯烟斗，说："您尝尝这个？"

我无言。

和晓重等朋友一起吃饭。席间，他起身，主动要求为大家"柳"了一段活儿。"柳"，是曲艺界行话，意即为唱。他唱的是一段评剧："去年今日此门中，见一位美大姐在门前坐着……"唱罢，认真地给大家讲解某某评剧大师是怎么处理这唱段的，然后，又用大师的唱法重新给大家演绎一遍……说实话，他的嗓子一般，但认真程度无可挑剔，浑身上下都是"范儿"。他的"柳活儿"吸引了所有在座者，也给我留下了一个深刻的印象。

这印象是多彩的，绝不仅仅是独属于警察的深蓝色，但是，绝对以那庄重的深蓝为主调。而且，在这五颜六色的美丽中，积极乐观，永远是警察作家李晓重的主题。

这样的两位先生

说刘光人先生是作家，恐怕很多人是不知道的，大多数人都只知道他曾是北京市公安局的副局长，尊重他，也大多因此。而说张志民先生曾是公安系统的人，也恐怕鲜为人知，人们都知道并且敬重他的，是他著名诗人的身份。

人大抵如此，身份有着诸多的模糊。

尤其是那些德高望重的前辈们。人生坎坷，阅历丰富，他们走过的桥，确确实实的，比我们走过的路多。

也正因为如此，他们是不应该被我们这些后来者遗忘的。他们的人生给予我们的启迪，和这种启迪中显露出的人格魅力，足以让我们享用一生。

我和这两位先生都有过交往，说他们是我人生的导师是我的骄傲。现在，两位先生均已作古，只有音容宛在了。

认识张先生时还是那个阴云密布的时代，心中块垒无从宣泄，就写些蹩脚的诗歌。那几页纸辗转到了张志民先生手里。时任《北京文艺》主编的张先生，大概看我孺子可教，就把它拿去发表了，然后还邀我到家里叙谈。印象中的张先生和蔼但威严，端坐时腰背笔直。他那时的头发就略有花白了，脸上也隐隐有沧桑感觉。我是个记忆力不强的人，记事往往只能记住些片断，甚至是细节也如此。我记得张先生还考问了我几个词句的，但却怎么也想不起他问的是什么。

其实能让人铭记的细节往往是最重要的东西，甚至是人生这部大书中的起承转合。

现在回想，老先生有可能是怀疑我的文学功底的。其实不用怀疑，我们那代人真的是最没文化的一代人，我的知识也只不过来源于对能找到的任何读物的生吞活剥，来源于一种人类对知识的本能贪婪。张志民先生的怀疑，表现出的是对那个时代无声的抗议和对年轻人的拳拳呵护。当然，从本质上说，更是他那一代诗人的铮铮铁骨。

我这一生，仅发表过四首诗歌，三首发表在《北京文艺》或后来的《北京文学》上，当然都是张先生提携指教的结果。我后来不再写诗，是因为我知道我不是做诗人的材料。如果我尸位素餐，只能是对不起张志民先生对我的厚爱。

认识刘光人先生则是到了北京市公安局工作之后。先生是主管调研宣传的副局长，我是他属下的小干部。我是在很久之后才知道他是作家的，因为整天伏案为我们这些毛头小子修改稿件的老人家，从没有说起过自己的辉煌。和张志民先生比较相像的地方，是刘光人先生也是和蔼但威严的，如果谁的稿子有一个错字，他会批评得你抬不起头来。

直到有一天，他为我们讲起《安娜·卡列尼娜》的意义。直到有一天，他让我们看到了他的长篇回忆录《在地下》。

我们终于知道，他曾是长期潜伏屡建奇功的我党谍报人员，他也曾是赴朝鲜战场写下大量优秀报道的战地记者。他是作家，是我们的前辈，他对我们这些初学写作的年轻部下的呵护，是默默的，如雷霆之后的细雨无声。而我于光人先生那里所学最受益的，是对文字的严谨态度，或者说，是对文字的敬重。

也是很长时间后才知道张志民先生也在公安战线工作过，曾任群众出版社副总编辑，那是在偶然读到他的小说《赵全一案件》之后。先生不仅是诗人，还是公安文学的开拓者之一，在公安文学的史册上，是应该永远镌刻着先生的名字的。

刘先生和张先生，其实都是公安文学这条长河里的绚丽浪花，他们腾起时，映着阳光下的彩虹；他们落下去，就融入了更壮阔的激流。

突然地就想：他们的人生，不管今天哪一个身份更显赫，而另一个身份在历史里淹没着，却都因丰富的经历而多彩，因不懈的奋斗而充实。特别于这两位先生而言，他们身份上的模糊，还体现着他们的信仰和追求。为事业而牺牲，对他们来说，是光荣，是职责，是使命。

每一个过来人的经历，于后来者而言，都是一部教科书。

而后来者，读懂读好这一部部大书，就不仅是兴趣，而是责任了。赋予我们这责任的，是这个时代前进的要求。因为，不洞察已经走过的路，你就不知道前面的路还有多长。

据悉，《中国公安文学史》的编撰已在筹备中。这该是一种梳理，为中国公安文学的发展标明方向；这该是一种定位，为中国公安文学的辉煌定格下永恒；这更应该是一种礼赞，为中国公安文学的未来高歌。在这样一曲恢宏的乐章中，刘光人先生和张志民先生，是有属于他们的章节的。

跋涉的身影

遵照中国作家协会的要求，我们最近对全国公安系统的中国作协会员进行了一次核对。也是人之常情吧，岁月荏苒，总会有人的情况有些变动。退休了，调动了，曾在现役部队工作的转业了。面对自然的更迭，人其实还不如一棵树坚韧。树经千年，仍枝繁叶茂，而人几十年活过，就会有着生离死别的故事发生。核对到山东省日照市公安局的刘敦波时，就听到了不愿听到的消息：在 2011 年，敦波因车祸逝世。

已经五年过去了，刘敦波的名字仍然滞留在中国作家协会的会员名单上。我相信不是管理部门工作的疏忽，而是谁也不愿相信这样的噩耗。

公安队伍是天天有牺牲时时有流血的，悲壮与英勇总是和这支队伍相伴而行。这对于疯狂的媒体和浮躁的大众来说，却已经是司空见惯的事情，远不如某个跳楼自杀的歌手，每逢忌日还有脑残粉痛哭流涕地悼念着。也许，只是在我们这支队伍当中，我们的心弦才会被战友的逝去拨动，在心底响起沉痛的旋律。这是有原因的，因为血脉相通，因为气息相融，因为你的血就是我的血，我的命就是你的命。也正是因为如此，同为这支队伍中以笔为枪的人，敦波的骤然离世，让我感到一种情感的悸动。

其实和刘敦波并不算熟悉，只是在上世纪九十年代初期，在某些文学创作会议上擦肩而过，印象里是个健谈的山东汉子。另外，读过他的代表作《红蜘蛛》。那时的通讯远没有现在这样发达，我们各自繁忙的工作又将我们局限在了各自的小天地里，久而久之，就慢慢断了联系。甚至两年前耳闻了敦波的去世，也是将信将疑，再忙起来，竟忘了去核实情况。这真算得上是“淡如水”了。以至在五年后我们才真正确认了敦波的不在，同时，为自己的粗心和淡漠而感到了一种心痛。

由敦波又想到另一位逝者。万箭飞，江西省南昌市的交通民警，江西省作协会员，优秀公安诗人。也是在2011年，春节将过，他却倒在了漫天的烟花里。也许这就是诗人，死也具备着诗歌的仪式感。我和这位诗人是没有见过面的，但万箭飞这个响亮的名字，当年常常出现在《人民公安报》上，给我留下了深刻印象。在网络上查他的资料，竟偶然读到了他的一段诗：星期天／所有的齿轮都歇息了／只有警徽这枚齿轮／还在路口／不停地旋转……生动的喻义里，感觉得到有一种激情，一种发自肺腑的属于交通警察的激情。据说箭飞嗜酒，性豪爽。他的去世也许与此有关，但我以为，诗与酒，是命中注定了的姻缘。

说到底，这两位逝者其实都算不上我的朋友，至少不是挚友。而和那些牺牲得轰轰烈烈的英烈相比，他们也不过是意外的主角罢了。星移斗转，也许连他们的亲友，除了在清明的细雨之时，其他时候也不大会想起他们。人们总要生活，生活总该充满快乐。从某种意义上说，逝者只是以自己的生命标注在家族、群体、社会中的一个悲怆音符，它使整个乐章更加饱满，更加激昂，更有质感。

而我仍然怀念他们。在报送中国作家协会的会员统计报表上签字的时候，我沉默了许久。我的脑海里闪过敦波那已经模糊了的身影，也响起箭飞的昂扬诗句。我知道公安文化工作者这支公安大军中的小部队，其实也经历过前赴后继的征程。总说文化是血脉，而血脉必然是由一个个活生生的人传承下来的。假如我们把中国公安文学的启程点设定在1949，那么将近七十年的路上，有多少或挺拔或儒雅的身影，在我们前面踏开了层层荆棘，点亮起文学的篝火。记得在2005年全国公安作家协会成立的大会上，曾创作过电影《寂静的山林》的老作家赵明被子女搀扶着，微笑着向我们这些后辈走来。他只参加过那一次会议，因为不久后老人家便永远告别了我们。他的逝世标志了那一代公安作家的大幕彻底落下。张志民、李文达、刘光人……都是逝者，现在都隐退在了历史的幕后。而我们这些后来者，却真的不应该忘记他们和他们的作品。

和烈士、英雄这些有着强烈褒奖色彩的词汇相比，逝者，也许只是一个中性词，只是一种客观的、冷静的标注。但我以为，逝者这个词也是充满感情色彩的，显示的是一种得体的尊重。而且，它符合作家的亲切，符合艺术家的随性，符合公安文化人那朴素而又热情的心灵，符合他们，不，我们，那永远在路上艰难跋涉的身影。

行文致此，忽闻噩耗：黑龙江省公安文联副主席、著名公安作家修来荣先生因病逝世，享年77岁。抬头看窗外，阴云密布，雨却迟迟不到，茂密的枝叶肃然不动。沉默良久，心绪难平，最后，默默地写下一句话：向逝者致敬。

亦兄亦友可为师

——悼念修来荣同志

今年北京的六月，天气阴阳不定，似乎注定了会有些悲痛的事情发生。果然，北京人艺三位德高望重的老艺术家先后仙逝，神交已久的著名杂文家朱铁志猝亡，一位年轻的网络文化工作者竟然倒在了地铁站台上。天不留人，呜呼哀哉。6 月 22 日，著名公安作家修来荣先生因病逝世，终年 77 岁。他的离世，虽属寿终正寝，却是很让我心痛的事情。

听说他病，本来计划要去医院探望的，却怕影响他的治疗，还在犹豫间，他竟已经撒手人寰。行色匆匆，他就这样离去，为他作为优秀公安作家的传奇一生，画上了圆满的句号，却也给我们留下了些许遗憾。回想前年金秋，在吉林长春召开的公安文化理论研讨会上，修先生还曾侃侃而谈，并盛邀我们去长白山小聚。却不想那时一别，竟成永诀，不禁泪飞如雨。

修先生的最高荣誉，是因传记《陈龙传》和电视剧《无愧苍生》两度获得全国“五个一工程奖”。至今在公安文学圈里，还鲜有人超越他的纪录。修先生的经历，可以说是上世纪八十年代左右涌现的那一批公安作家的代表：曾是优秀刑警，受工作的感染开始摸索着从事业余创作，经过刻苦努力有了成绩，之后机缘巧合，受邀为公安部原副部长陈龙同志作传记，再之后成为全国公安系统在很长时间内的唯一一位专职作家。他生前的最后一个职务，是黑龙江省公安文联的副主席。修来荣先生的一生，可以说与公安文学相随相伴，如果写一部《中国公安文学史》的话，修先生是其间当之无愧的一座丰碑。

和修先生的相识，算算已有近三十年的时间。1988年，当时的中国人民警官大学举办了首期公安作家研修班，老修时为学员班长。我当时在北京市公安机关刚刚创办的《金盾》杂志工作，去这个班组织稿件，由此结识了高个子、黑脸膛，快人快语的修来荣。那个班是早期公安作家的第一次集结，其中许多人后来成了名家，却也有人至今已经淹没在历史之中。而老修，却以一位老大哥的亲切形象，并以他优异的创作成绩，成为公安文学领域的常青树。据称，在他患病期间，他仍然笔耕不辍。老修创作时有个癖好，习惯于站着写作。时至今日，闭上眼睛，我似乎仍能看到他挺立的身影。

1995年，有关部门在甘肃敦煌召开了法制文学创作研讨会。我的习作得以朋友们厚爱，被拿到会上研讨。荣幸而惭愧的是，我有幸和修来荣先生一起成为了研讨对象，尽管修先生是功成名就，而我是初出茅庐。那次会议，受益匪浅，特别是会后一行自敦煌驱车过张掖、武威，而至兰州，一路而上，畅谈不已，沿途风景，赏心悦目。修先生给我看他的红山文化收藏品，顺便给大家普及文物知识，眉宇间神采飞扬，踌躇满志。

老修性格开朗，爱好广泛，他收藏古物，研究易经，晚年还痴迷对历史人物关羽的研究。但他对公安文学创作的热爱却是始终如一的坚守。2014年6月，我们在辽宁营口召开公安作家创作座谈会，特邀修先生到会指导。他在会上的发言，以一位过来者的口吻，以自己的亲身经历，鼓励青年公安作家们端正创作方向，不忘创作初心，以公安事业为自己毕生的文学追求，为火热的公安斗争实践服务。当时，他75岁，为与会者中最年长者，但声音洪亮，神采奕奕，不时响起一阵豪爽的大笑。于到会的年轻作家们而言，他应该算他们的祖辈了，但他的状态，实在让我们称赞不已。现在回想起来，那时的病魔，应该已经在悄然侵袭着他了。天也，命也，有时真的令人唏嘘。

于修来荣先生身上，我确实是学到不少东西的。他的《陈龙传》，采访近六年，笔记达数百万字，创作态度之认真可见一斑。当年拜读之后，我有感而发，还写过一篇短短的读后感。我感触最深的，是在那浩如烟海、零零碎碎的数百万字笔记中，他是如何取舍素材，去粗取精，最终凝聚成一部三十余万字的佳构的。这就是功夫，这就是素养，这就是文学创作的某种真经。想那时，我也在尝试写报告文学，采访与创作正是最头疼的问题。修先生的宝贵经验，于我就是醍醐灌顶的教诲了。想人的一生，总是有着许多可称为师的领导、好友、同事，甚至是路人的，修先生于我，便是之一，令我永远难忘。

修先生的追悼会，我没去。说来当然是应该去的，但近年来我几乎不参加任何好友的追悼活动。不是冷漠，而是自心底隐藏着一种可以说是有些奇怪的想法。这几年，好朋友们，特别是些前辈兄长们，开始陆续告别这个世界，每一次的告别都是一次撕心裂肺般的痛苦。似乎去了，在朋友的遗体前鞠了躬，就是真正的永别了，心与心就算是彻底割断了联系，从此天涯海角永不相见。如若不去，仿佛心底总还牵挂着一线情谊，故人犹在，连记忆中的面容也仍然是如往昔的活泼。沉在静寂中，可以与之悄悄对话。

听说修先生的追悼会声势浩大，隆重庄严，我心甚慰。但听说满院的花圈林立，却都是鲜花束成，想来不免觉得奢侈了些。修先生一生不修边幅，不贪富贵，平易近人，潇洒快活，恐怕并不在意这些形式吧。倒是朋友们的真心怀念，可陪先生远赴天国。

故以此文，深切怀念挚友修来荣同志。

中国侦探文学的一簇火炬

笑容仍然慈祥，却已悄然凝固，如定格在历史中的人生。我想和您说什么，刚刚张嘴，才意识到您已远行，在我面前的，只是一幅肖像而已。于是，您的脸庞模糊了，我的心情也慢慢淹没。

筹备第六届中国侦探小说大赛颁奖典礼，评委们一致同意，为您颁授终身成就奖，以褒奖您在中国侦探推理文学领域的卓越贡献。我迅即委托优秀公安油画家郑方刚同志，为您精心绘制了这幅肖像，准备在颁奖礼上郑重地赠送给您。是的，大家心里都有一点小小的真诚企望吧，希望这个奖和这幅肖像，能给病榻上的您带去一点安慰。

不想噩耗终于传来，您到底没有等到领奖。您累了，您想休息了，您悄悄离开了这个世界。这是怎样的一个严酷夏天，刚刚送走公安作家修来荣先生，您竟然也去了，只留下肖像上的微笑，和我们默默对视。

心绪纷乱，如窗外在闷热中挣扎的枝叶，有着沉重的疲惫感。面前一张白纸，无意识地拿起笔，写下了“于洪笙”三个字，是您的名字，一如既往的亲切。往事此时便如涓涓细流，漫过我的心头。

已经忘记和您第一次相识的时间和地点了，但仿佛从一开始我们就是亲密的师生关系。其实只听过您的一次课，是我邀请您为当时北京市公安机关的新闻报道员们讲写作。您问：讲多长时间？我说，两小时吧。于我而言，实在是顺口一说，心想教授讲课，全凭兴趣所至，哪能有时间长短的限制？而您，却是缓缓登台，从容授课，引经据典，侃侃而谈。当您在黑板上画下最后一个句号时，我抬腕看表，整整两个小时，竟是一分不差。由此，钦佩您的学识和您的严谨。

那时您还在工作岗位上。身为中国人民警官大学中文系的副教授，您是桃李满天下的。

而我们这一些人，应该算您的“编外”学生。我们于您受益的，更多是关于侦探文学创作的理论知识和实践经验。想来那时，您已经在繁忙的教学之余确定了自己毕生的研究方向，您把自己深厚的文学功底与公安文学创作的实践相结合，把自己定位在了侦探文学那扑朔迷离的广阔世界里。公安部金盾文化工程奖，第一届您就是评委。也许就在那时，就在那一堆并不成熟的公安文学作品中，您看到了侦探文学的魅力，您也捕捉到了中国侦探文学发展的未来。

也就在这个时候，我们陆续集合到您的身旁，您是一簇火炬，吸引了有志于侦探文学的这群人，背起行囊，集结。而那时，正是百废待兴的年代，文化的复苏正如春雨过后的田野。您便如一位殷勤的农夫，在这蓬勃的绿色中耕耘出别有洞天的一方热土。

1992 年，中国通俗文艺研究会法制文艺委员会成立，您是当之无愧的核心人物。法制文艺，当时一个相当模糊的概念，却蕴涵着您的一份苦心。在中国，看侦探小说的人不少，写侦探小说的人却寥寥无几。理论上的匮乏，更使创作处于一种非驴非马的状态中。而在这种混沌里，您却是清醒的，您在默默地为中国侦探文学的觉醒而努力。几番寒暑过后，您的心血终于结出硕果，1998 年，第一届全国侦探小说大赛在北京人民大会堂隆重举行颁奖仪式，中国侦探文学终于亮出了自己的旗帜。

于洪笙，您的名字也由此镌刻在了中国侦探文学事业的丰碑上。是您厘清了侦探文学与法制文学、公安文学的界限和关系，您把侦探文学在中国文学中的地位奠定在了一个牢固的基础之上。

到 2005 年的 1 月，历经周折的北京侦探推理文艺协会正式成立，在您和您身边这群志同道合的朋友努力下，中国侦探文学有了自己的家园，有了自己的平台。

到过您的家里拜访，怀着崇敬的心情。被震撼的，是您家里那顶天立地的书柜。每一层隔板居然都压弯了，仿佛承受不了知识的重量，也承受不了您渴求知识的心情。坐拥书城的您，和您亲爱的胡先生，都使我们顿时有了亲切感。您和我们促膝交谈，胡先生拉着我们喝酒。沉浮在酒中的话语，飘散在话语外的书香，是您永远留在我们心底的印象。

时间一分一秒地过去，四季在穿梭的岁月里更迭，全国侦探小说大赛至今已成功举办了五届，第六届也正在筹备中。去年的这个时候，您抱病出席了在湖北武汉举行的筹备工作会议。在那次会议上，宣布了全国公安文联侦探小说学会的成立。学会将和北京侦探推理文艺协会一起，担当起中国侦探文学发展繁荣的重任。年轻的侦探小说作家们纷纷说：于老师，您辛苦了！您开创的事业，如薪火相传，我们会把它继承下去。

那时，笑容弥漫在您消瘦的脸上，定格在我们心中。会后，我们加速了筹备工作的步伐，我们在和病魔赛跑，我们希望在您最后的日子里，您能够在第六届全国侦探小说大赛的颁奖台上，接受属于您的荣誉。

然而，您终于还是走了。

坐在电脑前，打下带着眼泪的字迹，仿佛看到您悄悄地走来。走在敦煌莫高窟前的土路上，那是我们在那里召开法制文学研讨会；走在北京人民大会堂的台阶上，那是我们为第一届侦探小说大赛颁奖；走在新疆天池的旖旎风光里，那是我们在和日本侦探小说作家交流；走在曹雪芹故居门前的满地黄花中，那是在策划北京侦探推理文艺协会的成立……是的，您真的有些累了，这么多年您奔波在路上，却是终于把中国侦探文学的篝火点燃了。

您应该休息了。我在您的肖像前，轻轻地说：于老师，安息吧。您看看我，仍是微笑无语。

第四辑　花间小酌

说说我和侦探文学

我和一个合法组织保持着长期友好但若即若离的关系，这个组织叫北京侦探推理文艺协会。

我需要解释一下以上表述。

合法组织，说明该组织是在有关部门登了记的，而且从事着光明磊落的事业。这一点，在这个组织的名称中已经表明，它是搞侦探推理文艺的，推动创作，兼顾评论和研究。特意强调了合法，是因为当年组织成立时有一小段时间是不合法的，或者更准确说是当时正为合法而奔走。

后来，在大家努力下，合法了。

长期友好，是说我在这个组织成立时就和他们厮混在一起了。他们，是指一群侦探推理文艺的爱好者，是这个组织的创始人，是一群非常值得钦佩的为侦探推理文艺无私奉献的人。我和他们关系不错，一直不错，我至今还兼任着该组织的副会长，也算是该组织高层领导之一。而若即若离的说法，则颇有些含混，也有些微妙。我思忖良久，觉得这说法也还准确。因本职工作繁忙，我是不能常参加组织活动的。

我为此而惭愧。

也还有一点小想法，不妨在这里公开了吧，我一直不知道我的写作是否应该归于侦探推理范畴，所以和该组织在学术上自我感觉不是太合拍的，或者说有一种自愧不如的感觉。若即若离，像两地分居的夫妻，法律上是不可分割的，事实上却有距离，甚至天各一方。文学这东西是存在这种现象的，体裁之间不那么清晰。散文体的小说，小说体的报告文学，最近有了某某体诗歌，我读了认为不过是分了行的白话而已。这现象对错暂不讨论，但总归形式是有的。我的很多作品，坦白说写的时候没按侦探推理小说写，却也被评论说成是侦探小说，有的还大加了赞赏。我尽管有点茫然，有点哭笑不得，但也没反驳。相反，却激起了我研究侦探推理文艺的一点兴趣。

其实细想想，文学真的是不计较一些类别之分的。从物竞天择的角度讲，杂交更有优势。借鉴侦探小说的悬疑和曲折，是可以让小说更好看的，何况我写的大多是公安题材小说，在我的作品中，警察本就是主角，而他们更是现实中侦探推理的主角，侦查办案是他们的本职，缉拿罪犯是他们的天职，他们和犯罪分子间的猫鼠游戏，是一个永恒的主题。

因此，说我是写侦探小说的，大概也没错。警察的动作当然是以侦探推理为主，怎么写也回避不开的。我心甘情愿地和组织保持长期友好但若即若离的关系，也缘于此。

姑且称我的小说为侦探推理小说吧，我在我的侦探推理小说中更多地体现了对人物的心理和情感的刻画，体现了警察这个职业在历史和国家命运中的沉浮。我喜欢把警察放在一个历史的纵轴和一个社会的横轴的交接点上，看他们的困境和挣扎。在这一点上，我挺残酷的。我认为警察这个职业是最接近人的内心隐秘的，而把他们置于死而后生的境地，他们和他们周围人的内心才会暴露无遗。

我不大在意那些在细小环节上的洞悉和想象，不大在意一环扣一环的推理，我喜欢把悬念放大，喜欢那些诸如：我是谁？我的命运是什么？这样一些在有些人看来悬而又悬的宏大命题。

也正因为如此，我对线装书局的“最悬念”命题颇感兴趣。最悬念，大概也就应该是最大的悬念吧，我认为，我们每个人的一生都面临着一些巨大悬念，例如说：我们活着的价值到底是什么？

这个问题对于警察来说答案似乎是要比其他职业的人明确一些的。任何一个警察都会告诉你，我的一生就是和罪恶做斗争。这好像有点假正经，但其实是肺腑之言，充满正能量的肺腑之言。

把这样的警察写好写透，我似乎有点不自量力。但也正因为如此，我才能乐此不疲地努力下去。而且，珍惜我在北京侦探推理文艺协会中的位置和友情，为自己是这个组织的一员而骄傲。

行文至此，要感谢北京侦探推理文艺协会，感谢该组织让我和侦探推理文学有了不解之缘。感谢所有从事侦探推理文艺创作的朋友们，你们的大作常使我大开眼界，有了醍醐灌顶之感。感谢线装书局的“最悬念”选题，更要感谢著名作家李迪先生把我这个半侦探推理小说作者拉进了这个体裁的创作队伍。最后，感谢上苍，赐给我一生的饭碗：写作。

附记：写这篇小稿的这天，《中国作家》第二届“剑门关文学奖”评选结果揭晓，女儿雨铮的中篇小说《雨过天晴》获奖。欣喜之余，再谢上苍，给了我生命的延续。

公安文学的橘子说

公安文学像一只饱满的橘子，有诱人的金黄色外皮（吸引人啊），也有丰富而多汁的内涵（谁能否定公安文学的社会性呢，只能说，公安文学是一部社会的百科全书）。橘子是大众水果，人人爱吃的，也四季皆有，不会想念它的时候看不到它的倩影。这一点也有些像公安文学，永远是创作的丰收状态。

何况，橘子还有那么多的衍生品。橘子汁，橘子糖，橘子粉，是橘子生命的多种形式。橘子就是人们生活里一种不可或缺的小东西，不经意地时时闪现在你或我的眼前。想不起离开它，也说不出和它有多亲近。看电视时掰一瓣放进嘴里，甚至都不会多看一眼。

这是公安文学的现状吗？我看是。

可就算这样，橘子也是培植出来的。种植它的时候，浇水，除草，剪枝，打药，收获，不比种更高贵的水果省什么力气。也就是说，写公安文学，不比写那些高不可攀不知所云的作品省劲儿。甚至，由于它的严肃和严谨，更费脑子。橘子也有地域特色，四川的，福建的，湖南的，据说味道是不大一样的。橘子按说不金贵，但也不是摔不烂的铁疙瘩。那年，据说某地的橘子里有虫子，大量的橘子滞销，烂在地里了。当然，这情况更多的不是出于天灾，而是人祸。

公安文学的起起伏伏也多出于人祸的。现在公安题材的电视剧上不了电视台的黄金档，原因当然多多，但最主要的，是曾有些个橘子里真有了虫子。

这一点尽管我们不愿承认，但也是事实。所以，搞公安文学的，也得学会自己捉虫子，捉自己这只橘子里的虫子。

虫子之一是粗糙，虫子之二是媚俗。

当然这些虫子不仅仅祸害橘子，苹果、鸭梨、香蕉，什么水果也不放过的。但正因为如此，除虫的事才不可掉以轻心。坚持正确的文艺导向，不仅是宣传主管部门的口号，也是公安文学自身的必需。何况橘子的需求量是大的，爱吃它的多是平民百姓，这也是个民生问题。

还有个与时俱进的问题。橘子也是需要不断发展自己的，种群的退化现象好多，像某地的西瓜，今年甜得还粘牙，来年已经像是淡而无味的棉花套了。要想让橘子永远甜美下去，就得不断创新发展。也许有一天，新品种的橘子像篮球一样大，别惊讶，要欢呼。

当然，更重要的是内容。要甜，也要有点酸（要感动出人的眼泪），也要有些苦（人生况味嘛），还要有充满战斗性的一点辛辣（公安文学必需的社会责任感）。

有人说，辣，还是橘子吗？这么较真儿就没意思了。我说橘子只是个比喻呀，公安文学的内涵，远要比这丰富得多。

其实我用橘子来比喻公安文学，最重要的一点是要说：公安文学永远是人们生活里不可匮缺的东西，值得我们用全部的心血，倾注。

读书的品格

遵报社嘱，开列了我的十年读书单。

按下电脑的保存键时，突然想，为什么列出了这十本书？这十本书之间有没有什么关联？而这十本书在我的记忆中，留下了什么样的痕迹？当然，不是十年来只读了这些书。阅读如同吃饭，若想回忆起十年来顿顿都吃些什么，除非饭后必即录之，否则纯属枉然。有个朋友这样做过，还在年尾统计出共吃米饭若干、馒头若干，心细如发，令人叹为观止。可惜这人现在精神病院住着。而上述问题于我来说，关键在于选出的这十本书，意味了什么？

所举例子有些极端。而大多数凡人却是另一个极端，即丝毫没有计较，每天随心所欲地生活，随心所欲地吃喝。读书也如此，手边有什么看什么，从艰涩的《百年孤独》，到笑闹的美国漫画。有人还很推崇这样的读书态度，强调读书是一种生活享受。我却以为，读书当然是享受，但绝不仅仅是空虚寂寞时的消遣，或可供尽情挥霍的豪宴。这也如同美食，当然可赏心悦目饱腹，却也容不得饕餮。暴殄天物的行径，除了证明自己的粗俗，也实在没有别的什么意义。

其实说到底，吃饭也不仅仅是吃，而是生存的必需。读书亦如此，最低需求是精神上的饱足，填补空虚的思想。继而是灵魂上的浸染，使自己的心灵落地，得以滋养。最不济，也需要为自己寻找某种能力，以便安身立命。这样说来，人对于读书有选择，也就不奇怪，甚至是一种必然，仅用享受之说不能解释的。特别是当今社会，信息爆炸，知识膨胀，泥沙俱下，良莠不齐。如果还以美食来比喻，这餐饭中已掺杂了不知多少地沟油和注水肉。囫囵吞枣式的读书，其实也不如不读。若以读书为炫耀，便如土豪书橱里没拆封的豪华版本，明眼人看了，只有撇嘴。

如果以十年为跨度来分析我的读书，前几年读作品多，后几年读人物传记和历史掌故多。仿佛追星族，先喜欢了谁的作品，继而再关心其人，和其人所生活的环境。但追星族多为外貌所惑，读书人却偏好内心的沟通。汪曾祺的散文集，读过多遍，爱不释手，那种不急不疾的挥洒，感觉可以抚慰心灵。至去年底，读孙郁先生的《革命时代的士大夫：汪曾祺闲录》，栩栩如生的汪老，在字里行间站立起来，如一位亲切长者，终于可面对面地交流。高邮湖的水浪和沙家浜的芦苇，也就此在我心中鲜活如戏。

也许是年龄的缘故，近些年在自己的写作中多关注人的命运，好像生活的积累，层层叠叠，尽是人间的喜怒哀乐。而在文字上，偏重沉稳和冷静，更注重其中的品位和气质。读书当然亦如此，因为读书和写作，便是积累和输出。若用更文艺的比喻，就是施肥浇水与幼苗出土。我关注的多是老舍、鲁迅、胡适、沈从文之类的文人。这些文学前辈，多沉浮于时代的浪潮，命运多舛，却在笔下波澜不惊，尽显一种令人钦佩的定性和品格。纵然是铮铮铁骨的鲁迅，文字也是娓娓道来的冷峭，绝无泼妇骂街式的横蛮。还特意读过胡兰成的《今生今世》，不欣赏他的文字之美，只看一个汉奸浪子的内心，是怎样的堕落，为自己的灵魂，树一面警醒的镜子。

因此，读书也是有品格的。

请读书人开列自己的读书单，实在是一种聪明之举。从一个人读什么书，是可以看出这个人的品位的。行文至此，忍不住透露一点小隐私，有一类我也很喜爱的书，却并没有胆量列在我的读书单上。在此可以列举一二吧，它们是：《老饕漫笔》、《北京的饭局》、《舌尖上的中国》……

难怪我举了那么多关于吃的例子。

华表矗立清风来

当猴年欢欢喜喜地向我们走来的时候，《法制日报》法治文化周刊创刊了。年轻的编辑朋友热情邀请，让我说几句话，我却一时不知从何说起，只是由此勾起的回忆，如潮水般从心底涌出，诸般滋味点点滴滴落在笔端，最终凝成一种欣喜。

《法制日报》法治文化周刊其实是我们的老朋友了。上世纪八九十年代，它就是在法制文学领域相当有名的文学阵地，当时以“华表”为名。如此说来，今天的周刊似乎不算创刊，而是复刊了。当时法制文学正处在一个活跃期，“华表”悉心培养了一大批法制文学作者，至今仍有许多同志是文学界的活跃人物。而说起当年的“华表”，一张张亲切而熟悉的编辑面孔就在眼前浮现：高红十、张亦嵘、李建……所以，在这里，我首先要说：老朋友们，你们好！亲爱的“华表”，你好！

经过了坎坎坷坷，“华表”今天终于重新矗立在我们面前。而今天的法治文化周刊，已经有了全新的面貌，“华表”仍在，成为了其中的作品版面。因此，说它是创刊，也并不错。时代在前进，法治在前进，法治文化、法制文学也在不断进步之中。在实现中华民族伟大复兴中国梦的进程中，在依法治国的伟大征程上，新的法治文化周刊，必将担负起新的重要使命。

回想起来，法制文学曾经是一个叫得很响的口号，它大致起源于当年的全民普法教育活动之中，也算是应运而生。近年来，法制文学的提法已变更为法治文学了。一字之差的改变，我却以为，这应该算是一种进步。随着法律的健全，更多的文学作品自然融入了依法治国的理念，体现着人民对法治的需求和法治观念的增强；而更多的法治文学作品在文学的层面上水平得到了很大的提升，不少作家和作品已经能骄傲地跻身于文坛。法治和文学的进一步融合，是法治完善的体现，是人民法治意识提高的体现，同时也是文学的一种进步。在这样的形势下，法治文化周刊创办，“华表”重新回到我们的视野，回到我们的身边，既是昨天的延续，更是明天的启程，是法治文学繁荣发展的一件大事喜事。

我多年从事公安题材文学的组织和推广工作，在业余时间，自己也写一些不成样的作品。一个写作者，思考就是灵魂。近年来，我一直在思考公安文学与法治文学的关系这一问题。在我看来，就像公安工作是中国法治建设的基石一样，中国公安文学也应是中国法治文学的重要组成。公安文学的繁荣发展，重要原因之一也在于它的普法功能，在于它可以通过生动活泼的故事和人物，潜移默化地向读者宣传法律。在文学界，有反对文学教化功能的说法，但我以为，没有教化的文学就是没有生命的文学。文学其实就是因它的教化功能而存在的，只不过这种教化功能应该是艺术，是情感，是直抵人心的道德力量和信仰力量。这其实也正是公安文学、法治文学所应不懈追求的目标。我相信，这也是法治文化周刊的愿景和方向。

华表矗立清风来，这是我在遵嘱写这篇小稿时，即时浮现在脑海里的词句。风霜雨雪，雷电雾霾，华表永远矗立在天安门城楼的前后，前者，称“望君出”，后者，称“望君归”，均是提醒君王勤政的意思。今日之中国，已是法治社会，但华表的寓意深刻而久远，仍然让我们警醒。我希望，在新生的法治文化周刊上，每一篇文字都是一股醉人也醒人的清风。醉人在美，让美丽的文字陶冶读者的心灵；醒人在意，让隽永的思考启迪读者的思想。我相信，在新一代法治文化周刊编辑们的努力下，这样的憧憬即将成为现实。

让我们祝愿法治文化周刊吧，更让我们期盼法治文学的繁荣。在新时代前进的协奏曲里，我们注定是一支高亢的号角。

附记：应《法制日报·法治文化周刊》之邀而作。

舟山是座岛

美女支奕向我约稿的时候，说了一句让我心动的话：写写我们海岛警察吧。是这句朴素的话，让我突然意识到，舟山是座岛。

其实几次去过普陀，属舟山地界。但来去匆匆，并没有把海天佛国和舟山联系起来，是因为上学的时候地理就没学好的缘故吧？而且，舟山并不只是“一”座岛，而是由1390座岛屿组成的星阵，是哪位神仙，在大海上撒下的一把珍珠。

但我仍然固执地认为，舟山是座岛。

细想想，这个概念应该是来自我的警察战友们。在1390座岛屿上，处处有他们的身影。他们身穿一样的警服，他们肩负一样的责任；他们是一样的繁忙，也是一样的热情。是他们，用他们的赤诚和辛劳组成了一座“岛”，一座舟山人民的平安之岛，幸福之岛。

曾和许多朋友研讨“公安作家群”的理念。我以为，作家群一定是要受到所在地域文化的熏陶和影响的。黑龙江公安作家们的挟风带电，性烈如火；江浙公安作家们的温文婉约，细腻轻柔。北京、天津公安作家的幽默，陕西、山西公安作家的乡情……其实文学如此，工作也如此，做人更如此。虽未和舟山的警察战友们多接触，但我深信，他们是海岛的儿女，他们熟悉岛，他们热爱岛，他们有着岛的性格和岛的情感，他们本身就是一座岛。

1390 座岛，就是 1390 座美丽的海上花园，也是 1390 座海上哨位。哨位，是不会因风吹雨打而动摇的，它们在海的波涛里屹立如山。因为，舟山的警察们，已经把自己的意志化作祖国的岛屿了。

所以，因为这次支奕小友的约稿，因为这次我和舟山的短暂邂逅，我与舟山，似乎有了某种约定。在我的脑海里，从此也有了一座岛了，她叫舟山，她叫舟山警察。

附记：应《舟山警苑》之邀所作。

在文学的梦里一路向西

总觉得文学和人一样，是有故乡的。

故乡是一种留恋。可以出走，可以漂泊，可以在理想的天空如风筝般飞舞。自由是梦想，脚踏实地却是一种必然。联结风筝的那条线，却是传递着故乡的拳拳之心的，书写在梦想纸张上的字迹，怎么读，也是乡音。

故乡是一种安慰。游子入眠的时候，梦到的总是村边的那条河，和河里游弋的鱼。梦也许是海，宽阔和深邃却总不是心情。只有那尾小小的、小小的鱼儿，用温柔的双鳍，抚慰着疲倦而思归的人。梦里是梦，也是歌。

故乡更是一种沉重。走出田野，却走不出心。哪里安放流浪者的心绪，哪里就逃不脱故乡的追逐。故乡是背负在心灵上的希望，也是捆绑在脚踝上的绳索。杜鹃泣血，声声都是父兄的呼唤和妻儿的盼望。

故乡就这样和文学融为一体了。故乡造就了文学，文学丰富了故乡。文学的故乡就是人的故乡，人是哪里人，他的文学就是哪里的文学。即使是梦呓，也还是故乡的俚语。比邻的三叔二婶，永远是梦境里的欢喜冤家。

太湖边的吴侬软语，黑土地的火爆欢快，来自草原的悠悠长调，

还有海峡那端的浪漫渔歌。文学就是大家族了，吮哪一根手指，也是爱；吻哪一张脸庞，也是情。大年三十晚上的绚丽烟花，细细碎碎的，总是生活里的惊喜，却是说不完的话题。

于我，却是喜欢一路向西。

向西，读张新军的《麻雀群》：大西北的麻雀群是雄壮的、血性的，充满了阳刚之气，洋溢着浪漫之风，豪爽、热烈、奔放、高昂，天使般纯洁、勇士般顽强、僧侣般执着，闪烁着至真至美的光芒。

向西，读韩伟林的《那么近，那么远》：草原让人安静，湖岸远望依旧让人安心。那湖不是一种令人感到深不可测的蔚蓝或者碧绿，而是好似从下面有一种气力在向上不停地托举，那看不见的涌动结出层层晶体，四季如常，色青味醇而又厚实，取之千百年而不竭。

向西，读吴全礼的《散文二题》：那些已经死去的树木，苍劲的虬枝、鼓突的树结，尽管彰显着旧时的张扬，却已断了生命的迹象……树身上的名牌，只标注着古树属类，而没有具体的树龄，这不是管理者的不细致，而是对这些树木的尊重和敬仰。

向西，读卿晓晴的……

西部，就这样在我的战友们的笔下，顽强而蓬勃地活着。

西部，就这样在他们的笔下，呈现出文学的状态、故乡的状态和心灵的状态。还有……西部警察的状态。关于这一点，当然勿庸置疑，那就是英雄的状态。

总以为，豪放的西部，最适合英雄。或者说，最适合英雄的英雄一面。儿女情长也许属于南方的河湖水网，婉转低回也许属于东方的细雨沥沥，白山黑水滋养了豪爽，七彩高原孕育着热情，而西部，我们的西部，每一缕阳光都裹胁着粗粝的沙粒，每一个生命都烙着顽强的印痕。这里的警察，坚强，冷峻，粗糙，沉默，像不死的胡杨，像

浩瀚的沙漠，像被风沙打磨过的雕像。

所以，在我们的作家笔端，沾着的是心血，写出的是真情。歌颂生命，从不吝惜笔墨；描写自然，从不在意架构。恣意挥洒，纵横驰骋，西部的文学就此有了西部的特殊味道，有了西部的独特乡情。即使是爱，也归于默然了，如同静静的塞外风景，在没有人烟之处尽是人间柔情。

于是，隐隐的，恍然觉得，西部就是我的故乡。

在文学的梦里一路向西，就是回家的归途。归心似箭，梦里阑珊，羌笛如诉，烽烟消散，是足迹里的信念，也是背囊中的呼喊，却是点点泪和滴滴血，染红了英雄的路，也充填着我们每一个人的敬仰和每一个人笔下的诉说。

所以，只在文学的梦里，一路向西……

一路向西。

一、路、向、西！

附记：张新军，公安作家，任职于新疆生产建设兵团第七师公安局。韩伟林，公安作家，任职于内蒙古边防总队政治部。吴全礼，公安作家，任职于宁夏回族自治区石嘴山市公安局。卿晓晴，公安作家，任职于甘肃省公安厅。西部公安文学，因为有他们的存在，而显得独树一帜。

诗人

诗人是什么？

诗人是一群不会说话的人。诗人说话不遵循普通人的语言规律，在诗人口中，语言是跳跃的音符。

诗人是一群不会思考的人。诗人的思想是跌破的珠宝，碎片折射的光芒虽然夺目，但已散乱。

有人说，诗人就是疯子。幻象，暗示，隐喻；呐喊，哭泣，呓语……诗人在这个太正常的世界上以不正常的状态生存，诗人是异类，诗人是白痴，诗人是终南峰下隐居者的癫狂，诗人是天下第一剑客站在华山巅峰的寂寞。

但，诗人毕竟存在着。

他们像恣肆的野花，放纵而顽强地绽放。他们用他们另类的语言和思维，搅扰着平淡如水的生活，破坏着陈腐而厚重的藩篱，高唱着即使不合拍的音节。

他们还得到了尊重。

这是为什么？

这是感性对理性的冲击？这是热情对冷静的践踏？这是勇敢对懦弱的挑战？这是梦境对现实的期冀？

从有人类的那天起，就有诗了。从有劳动的那天起，就有歌唱了。诗歌赋予了人类另一种思维方式，诗歌铺陈了人类另一条道路。诗歌的道路，每一块砖都是人类的梦。

这就使得我们不能没有诗。

这就使得我们不能没有诗人。

诗人的语言即使晦涩难懂，但却为我们描述了另一番奇丽景象；诗人的思想即使混乱，但破碎了的珠宝，仍是如江河里的波光水影，是一条河床里的奔腾。

诗，是心灵的慰藉。诗人，是思想的理疗师。

因此，诗人应该是纯净的。

诗人是睡在自己梦里的。诗的梦色彩绚丽，但应该透明，应该如水晶般的纯，容不得半点污染。铜臭，淫荡，妒忌，仇恨……在这样的梦里无法苟且。

当然，诗人不能不食人间烟火。但和烟火一起弥漫在人间的温馨，才是诗人要捕捉的信息。

那袅袅的炊烟，难道不是归人的喜悦吗？那淡淡的酒香，难道不是亲情的融化吗？就是那都市的水泥森林，难道其间就没有心的碰撞？

而当诗人冠以公安二字为定语时，诗人的肩膀就沉重了许多许多。

不是因为残酷，而是因为有了责任，因为有了嘱托，因为有了别人没有的那一份思考和那一份胸怀。

公安诗人手里的笔，显得有几分生涩了。但公安诗人的呐喊，就更有了力量。生涩的笔写下的文字，就是力透纸背的血迹，还有汗浸的艰辛。

当然，不可或缺的，是柔情，是美好，是幸福。因为公安诗人，是最懂得珍惜的人。在他们来说，柔情，美好，幸福，就是生命。

诗人就是诗人。诗人的定义，就是诗人。

跳跃的音符，活跃的思想，如火的激情。疯狂有什么可怕，狂人的眼睛里，才会有旁人看不到的风景。

只要有心，诗人的心，纯净的心。

诗人说：黑夜给了我黑色的眼睛，我用它来寻找光明。光明，其实就在诗人的眼睛之中。

诗人，公安诗人，请用你们的心去寻找和歌颂吧，那只唱晚的渔舟里，一定满载着你们的收获……

与命运抗争的悲歌

我写小说有个下意识的习惯，喜欢搞成系列。仿佛积攒在脑子里的故事，总是意犹未尽的感觉。《宣德炉》就是“三线系列”的第二篇，第一篇《青花瓷》发表在2013年的《十月》第六期上，手头正在写着的，是《黄花梨》。

既然是“三线系列”，这几篇当然都是以三线工厂为背景的故事。我本人并没有在三线工厂生活过，但三线工厂却在我的脑海里深深扎根，慢慢长成了灵感的参天大树。想想，应该是因为那里的人和事都和“命运”这个主题紧密相扣吧。一群异乡人，不是出于自己的意愿而突然来到一块陌生的、贫瘠的土地，然后就生活在这里了，直至第二代、第三代……和这里仍然隔膜，也仍然思念着自己的家乡。这是一种什么感受呢?

大概随着年龄的增长，我在创作上对“命运”这个话题越来越关注了。这真的是个魅力无穷的话题。冥冥之中的那只手，左右着我们每一个人，也常常使我们生发出这样的疑问：我们是谁？我们来自哪里？我们将会到哪里去？这问题太哲学了，我回答不了，但我可以用我笔下的故事和人物来诠释些什么。当然，最应该说的，是人类与命运的抗争。

既然是冥冥之中的操控，命运也许是抗争不了的。但我不喜欢这种彻底的悲观。改变命运，是人们常喊的口号，也是人们的梦想。不管这种梦想最终是变为现实还是破灭，抗争本身仍然是可歌可泣的，是人类留给自己的最后的希望。《宣德炉》里身处逆境的许定宽一家，各有各的生活态度，各有各的生活结局，却不约而同地在与命运抗争着。“好好过吧”，话虽简单无比，却是他们痛彻心扉的人生体验了。

我还以为，很多时候，与命运的抗争其实最有效的方式是顺从命运的安排，然后驾驭自己的命运。而驾驭自己是要有强大的思想基础的，简言之，那是信仰。在逆境中的喜乐，在困难中的坚强，在泥沙俱下中的独立操守，应该是人的最高境界了。

就像张丽芸医生，以忍耐和耻辱换来的，是一家人最大限度的生活安宁。她是渺小的，甚至有时是庸俗的，但她的执拗，让命运退却了。

失踪的人们

妻丢了一张购物卡，很纠结。纠结不是因为卡里的钱，而是因为卡丢得莫名其妙。无声无息的，它就没了，仿佛就在那么一瞬间，就蒸发了，失踪了。

蒸发是时髦说法，借用的是物理名词，形象，生动，还比失踪显得多了幽默。而失踪是传统的标准词汇，常出现在公安机关的档案上，准确而严谨。据媒体报道，失踪在我们的生活里其实常常发生，不仅是物，更多是人。鲜活的生命，仿佛转眼就消失了。更残酷的是，这并不是永无回程的死亡之旅，而仅仅是消失，这留给人的就不仅是分别的痛，还有绝望中的些许希望了。

这希望就支撑着人们，也折磨着人们。想想妻子，为一张卡的失踪尚且耿耿于怀，而作为失踪者的亲人们，心情该是怎样的苦涩。我在这里所说，不包括以“拐卖”为标志的那种失踪，那涉及罪恶，那不能只停留在当事人的眼泪里，而更应是公众视线中的关注。我这里说的失踪或蒸发，特指那些因个人原因而出现在我们生活中的悲剧。也正因为更多的个人因素，命运的色彩在故事中就更浓重许多。

失踪带来的苦痛是爱和恨交织成的。对失踪亲人的爱仿佛就是铸造痛苦和憎恨的炉火，终究会烧出愤怒的质问：为什么这么自私呢？为什么这样残酷呢？我这一生，经历了三次失踪事件。其中一次，是父亲的一位朋友，她的丈夫突然离家出走，把自己消失在人海里。亲人们唯一想得到的原因，是他刚刚检查出了癌症，晚期。

在开始寻找这个失踪者的时候，人们首先猜想得到的，是他的绝望。一个相当级别的领导干部，一个称职的丈夫和父亲，一个在社会上受人尊重的成功男人，在一瞬间，被命运打垮了。然而，时间流逝而去，希望日益渺茫，终于有一天，那位阿姨愤愤地问道："他是不是从来就没有爱过我?"

这问题让所有人都无言以对。安慰的话是：怎么可能?他正是因为爱你才不忍心让你忍受他的病痛给你的折磨。而阿姨摇头，回答说：他连让我照顾他的权利都剥夺了，他把他最后的日子只留给他自己，他解脱了，他摆脱我了，这难道是爱我吗?

这就是一个谜的两面答案了。因为人的失踪，永远不会有人知道哪个答案是正确的。静下心想想，也真的是残酷，为什么要让这个谜永远折磨猜谜的人呢?

那位阿姨后来嫁给了我父亲的另外一位朋友，是我父亲做的媒。他们一直过得很美满。突然有一天，我想：那位失踪者也许要的就是这个结果吧，他用自己的失踪激起妻子的怨恨，又用妻子对自己的恨换取了妻子后半生的幸福。

这就不是自私了，相反，是一种无私的爱。

不会有人知道真相了。我则相信我的猜测就是真相，因为这是一个最圆满的结局。

人是世间最复杂的动物，复杂就复杂在人有情感。情感于人来说是与生俱来的，不因人的尊卑而薄厚，却会因心的宽窄而冷热。我认识的另一个失踪者是我的一个堂兄，他在我心目中的定位就是个二流子。他和我的交道就是从老家来找我要钱。给了他钱又给他买了回程的车票后，他会把车票卖了换酒喝，然后再给我打电话要钱。“兄弟，哥早晚还你钱。”他的话还在我耳边萦绕着，他却失踪了。

同时失踪的还有我奶奶的葬身之地。我的这位堂兄是我奶奶最疼爱的孙子，奶奶去世后，他“抢着”埋葬了奶奶的骨灰，并向所有人隐瞒了准确的地址。给抢着加了引号，是因为这是我在老家的其他亲戚的说法。而他的失踪，使我的奶奶永远地、真正地离开了我们。

据说，他离家出走时说是去旅游。而随着时间的推移，我越来越相信，他一定是在一个他选中的地方埋葬了他最亲的人，而后绝望地在亲人身边结束了自己。

一个没有生活自理能力的二流子，也许这是最好的选择。他同时葬送的，还有他卑微的但是真挚的情感。

怎么评价这样的情感呢？我们可以说我奶奶的娇惯与偏爱坑害了我的堂兄一生，也造成了他和其他亲戚的隔膜，但我相信我不能不在堂兄的命运面前唏嘘，他像一颗从未被人发现的流星，划过天空时只留下了悲伤的寂寞。

寂寞也是一种情感的表现方式。寂寞里有着淡淡的哀伤，淡淡的消沉，和淡淡的一种温暖。这种温暖是自我安慰式的，是自己给自己的舔拭和爱抚。这是一个人退缩到最后的角落了，如果连这样的角落也不给人留下的话，那么这个世界就是最残酷的。我们不是没有经历过这样的残酷，上世纪六十年代，在人与人的相互倾轧中，人命曾经是最不值钱的东西。

那时失踪的人太多太多。失踪在当时其实就等同于死亡。那时我还是孩子，我目睹了我平生第一次见到的失踪。那是母亲单位的一位基层领导，不是多大的官儿，勉强够上挨批判的资格。他就住在我家的前院，他被关进牛棚时，我在他的儿子、我的小伙伴脸上的恐惧中，第一次真切感受到了暴力的肆意胡为。

这个失踪者曾是单位里被公认为最聪明的人。据说，他在牛棚里往自己身上泼了不少脏水。他交代说他在心里多次攻击过伟大领袖，他说他自己就是个十恶不赦的反革命。他的目的，据人们猜测，无非是想落个好态度，好早点脱离苦海。但是，人们都在私下议论：这样的好态度，会给他带来什么呢？终于，斗争也会厌倦，人们开始离开牛棚了，但他不幸地被宣布不能。因为他就是反革命，因为他的罪行都是他自己揭发的，因为他的一切根本无从谈到平反。于是，他彻底绝望了。

他完美地印证了中国那句老话：聪明反被聪明误。

他失踪了。我曾经根据他的故事写过一篇小说，标题就叫《失踪》。在小说里，我凭想象虚构出了他的出逃路线：他在打扫女厕所时利用一根捅下水道的铁丝，从窗户跳了出去。在现实中，我其实并不知道他是怎么失踪的，当时还是孩子的我是很久之后才得知他失踪的消息的，那是我第一次听到失踪这个名词。

人们都说，他一定是死了。死于他的绝望，死于他给自己编织的罗网。他的骨骸至今一定仍然在哪个渺无人迹的山谷里躺着，充满懊悔地忍受着风吹雨淋。

他是自己把自己葬送的。当一个人连自己都不尊重的时候，那么人生和时代都还有什么意义呢。

三个失踪的人，如果我的设想是正确的话，那么他们的故事象征了三种人类情感的侧面：爱情，亲情，还有自尊。

他们的失踪过去已经太久。按法律规定，失踪一定的年限后，法律可以认定他或她的死亡。活着的亲人们，可以从法律的角度摆脱他们的阴影。但是，在亲人们心底，是不可能磨灭他们的印迹了。

我有一个朋友，他的一位亲人在绝望中当着家人的面自杀了。这太残酷。但有时我也想，和失踪相比较，这样的决绝是否也有一种快刀斩乱麻的痛快淋漓？

话似乎越说越沉重起来，不好再说。且说有一天妻子洗衣服，打开结束程序的洗衣机时，她的那张购物卡就静静地躺在洗衣机里。似乎什么也没有发生，只是它里边的钱被洗得干干净净了。

也罢。那时，我的心也如它一样干净。

附记：这是三个我不想说出姓名的人，我认为他们的姓名应该连同他们的失踪一起，埋葬在历史的尘土中。以便他们给后人带来的伤痕，也一同消失。人们都生活得不容易，也许，世俗的快乐也好于深沉的苦痛。

从微博回溯唐诗及其他

我关注微博的方式，在微博控们看来肯定不齿，因为我是通过纸质媒体来读微博的。这就有点像麻辣火锅涮冰激凌，有那么点不伦不类。

其实现在大多时政报刊都摘登微博。微博于这些报刊来说，已经不是可有可无的点缀，而是隐隐有些霸气出来了。当然，报刊上的微博是精选过的，报刊老总们的口味决定着他们挑选微博的标准。但不管怎么说，免去了在浩如烟海般的文字里去徘徊与茫然，我就很欣慰。

我相信我代表了相当一部分人的状态。既对新鲜事物有着向往和追求，也对传统保持着执着的热爱。在我们看来，传统和现实其实是有着不可分割的联系的，特别是文化的传承，即便穿上变形金刚的铁甲，凝固的表情下面也会有一颗平常人的心。这个世界也许什么都可以被消灭，唯一永存的，是文化的符号和内涵。像长城上的一块残砖，或是秦淮河上漂浮不定的水影。

我不是在顾左右而言他。因为微博这东西在人们看来似乎离文化很远。微博就是宣泄，微博就是随意，微博就是平常人随时随地的所思所想所见所闻。因此，我的话似乎就有点跑题，也有点空洞。但我不这么认为。因为我知道，文化是从一个人呱呱坠地时就融入这个人的血液了，就像母亲的乳汁，和这个世界恩赐给你的空气和水。

这就想到了唐诗。其实，当年唐人写诗也不是为了流传，大多无非也就是和微博一样的所思所想所见所闻，性情所致而已。如李白的《赠汪伦》："桃花潭水深千尺，不及汪伦送我情"，不过就是好友告别罢了。想那同样放浪形骸的诗人与隐士，马蹄在缤纷的落英丛中踏过，败花翻飞，伴随着仰天的长笑和豪放的歌声，谁又会想着数千年之后，人们会不会记得他们的友情？

再如骆宾王七岁时那稚嫩的吟唱："鹅鹅鹅，曲项向天歌，白毛浮绿水，红掌拨清波"，我确信，不会有流传千古的企图。若想到王羲之那篇著名的《兰亭序》，也不过是一帮穷酸文人对酒当歌的记录。那流传千古的几十个不同的文字，细想想，也就是酒后信马由缰涂抹的神来之笔罢了。

好像就是微博嘛。无非是传播方式不同，那年代，还没有网络。

文化就是这样，千变万化的，却总找得到一脉相承的线索。我们可以大胆地猜想，若干千年之后，谁知道会不会有一部《全微博》传世，和经典的《全唐诗》一样，为人类文化宝库增添一份重量。

因此，我不排斥微博。我坚信文化的力量，我更坚信人的行为最终取决文化的力量。所以，我把微博也视为文化的一部分。拂去烦躁、轻浮、放纵和油滑的灰尘，我在微博里看到了中国传统文化的一抹亮丽光影。

《全唐诗》，共900卷，收入诗人2529名，诗歌42863首。盛唐数百年的风云变幻，全凝固在此书卷中。这就是历史。数千年后的《全微博》，无疑的，也是历史。

南美纪行（四则）

飞旋的探戈

——南美纪行之一

布宜诺斯艾利斯的老港口据说是探戈舞的发源地，现在这里是整修过的游览景区。修旧如旧的铁皮房子涂了五颜六色的油彩，像绚丽的童话世界，努力重复着当年的风光。只是港口里的水已经有些污染了，因此彩色的倒影里仿佛多了几分复杂的哀愁。

探戈其实本身就是哀愁的，欢快只是掩盖了哀愁的裙裾。19世纪，从欧洲和非洲涌来的大批移民们无所事事地在港口游荡，只有妓院和酒吧能够安慰他们空虚的心灵。他们的朦胧醉眼看不见故乡，只看见舞娘和吧女挑逗的眼波。不要认为高雅天生就是高雅，人类最原始的情感迸发，才是艺术的真正源泉。当男人把女人纤细的腰肢搂在怀里的时候，灵感就是电光石火的碰撞。据说，探戈舞中最典型的摆头动作，就来源于舞者躲避情敌时的窥视。

今天的老港口只有旅游者了，他们在捕捉探戈的旋律与梦境。今天的探戈已经是国标舞大赛中的热门，已经是艺术殿堂里的巅峰，已经是阿根廷的国粹。今天的探戈，在舞台上，在人们心里，继续放纵着火一样的激情。

我们惊异它与赵丽蓉的“趟着走”竟有着巨大的不同。舞者们丰富的肢体语言让我们眼花缭乱。手在曼妙胴体上的轻抚，腿在疾走斜行间的交叉，还有眼睛与眼睛的近距离深情对视。阿根廷人认为，探戈的精髓不是一种舞蹈，而是眼神的交流，是爱情的缠绵，是男人和女人的肉搏。这种说法有着南美人典型的火辣性格，却也可以让人领悟到艺术魅力中更深的意义。

在南美走访，处处可以感受到南美人的激情。在布宜诺斯艾利斯科隆大剧院，引领我们参观的是一位身材修长的帅哥。他指给我们看剧院走廊上的音乐大师塑像，指到哪一位，就用口哨吹出这位大师的作品旋律。他的口哨清脆悦耳，吹起口哨时神采飞扬，蓝眼球里满是得意的光彩。我们猜想他一定是剧院的演员，兼职为游客服务，而他的身心仍完全沉浸在艺术之中。如果这还不算奇特，那么阿根廷总统府那位胖胖的导游大婶，舞蹈似的动作，歌唱般的表情，确实让我们在忍俊不禁中受到感染。不禁就想，探戈，真的是融入南美人的性格之中了。至于随处可见的街头乐队，陶醉其中的，更不仅仅是心情，甚至是南美那充满灿烂阳光的天空。

在观赏探戈表演时，隔桌的一群当地人高声地随着舞曲歌唱。他们的歌喉并不美丽，甚至参差不齐，沙哑而充满酒后的朦胧。但他们的投入，他们的沉湎，他们闪光的眸子，却吸引我端起酒杯，投入他们热烈的氛围。在叮当的碰杯声息里，我和他们在艺术的酒精里沉醉。都说民族的就是世界的，其实说的不是形式，而是……形式里的心。

从此，我的心就有一部分留在阿根廷了，留在探戈舞曲的欢快节奏之中。

曼舞的尊严

——南美纪行之二

到阿根廷，观赏探戈舞是必有的项目之一，这是阿根廷人的骄傲。但是，那个激动人心的晚上，最最让我感到震撼的，还不是那青春飞扬的舞者，而是一对满头白发的老人。

当他们走上舞台时，音乐变得缓慢而悠扬，舒缓的旋律中，隐约可以听出一种深沉。他们起舞了，不再有大幅度的摆动，也不再有抛向台下的媚眼，他们只是在舞蹈，甚至可以说只是在优雅地移动。但他们的眼睛明亮了，他们的嘴角有笑纹了，他们完全沉浸在他们的舞动中，他们把探戈这种来自民间的放纵转变成了高贵的舒扬。在我的眼中，他们已经不再是舞者，而是一个时代和一种精神。

演出的策划者是聪明的，他们在奔腾的快进中突然地插入了这一段柔美，放慢了的节奏其实不仅让人休整了情绪，更是让人在其间能够体会精神层面的收获。

我们在南美碰到的每一个华人都告诉我们，这里的生活节奏缓慢。他们还苦笑着说，只有中国人是节假日不休息的，当地人休息则雷打不动。他们说得没错，我们到达阿根廷那天正是周日，街上行人寥寥，连咖啡馆都是关门的。走在我们已经非常不习惯的空寂的街道上，我突然地想，在我们的快节奏里，我们失去了些什么？

其实早就有人在研究这个问题了，我们的匆匆脚步给我们带来了快感，却也让我们在其中品尝着许多的莫名其妙的苦涩滋味。有人说我们失去了快乐，有人说我们失去了安宁，而我在面对翩翩起舞的老人时，那一刻却突然地、沉重地想到，我们是否也失去了我们的某种尊严？

阿根廷人不追求品牌。拥有强大畜牧业和皮革加工业的阿根廷，商店里没有阿玛尼和LV，只有自己的民族产品。制作当然没有名牌的精美，甚至略显粗糙，但阿根廷人悠然自得。他们招揽我们进店购买的吆喝声，依然透露着一种自豪。这是一种似乎我们已经在忙忙碌碌中失去的自豪，它令我们汗颜，也令我们深思。

在阿根廷总统府一位守门人的办公桌上，我意外地发现一件小小的饰品。很熟悉那三只猴子，分别捂着耳朵、眼睛和嘴，象征着不听、不看和不说。它们的身影在北京的小商品市场也是常客。我在感叹人类情感相通的同时，却也体会到其中另一番奥妙。不听，不看，不说，难道不是一种倔强？而倔强，是有尊严做底线的。

说到南美人的尊严感，就不得不说到古巴。这个至今说不上富足的小国，在距超级大国不足200公里远的小岛上，钉子般地矗立着他们不屈的身形。走在古巴哈瓦那的街巷里，面对着我们举起的镜头，古巴人给你的一定是淡定的微笑。这种微笑，在墨西哥贩卖小商品的小贩脸上，在阿根廷表演探戈的那对老人脸上，我们都找到了。

日月的轮回

——南美纪行之三

在墨西哥实际上只停留了一天，仿佛匆匆过客，大千世界只是惊鸿一瞥，留下的印象杂乱而绚丽。依山而建的贫民窟，陈旧灰暗的城市建筑，随处可见的恣意涂鸦，还有从机场进城路旁不断出现的鞋子广告，都让我们认识了墨西哥似乎随心所欲的一种性格。浮光掠影的南美之行，在墨西哥这里挑出了一笔亮色，世俗的，浮夸的，然而是生机勃勃的。

一天的行程自然经过了主人精心的安排。车子拐出公路，进入一段石子铺成的土路，据说这是为了让车减速，以保护我们将要看到的文明遗迹。高大的仙人掌结满了红或绿的果实，那果实是墨西哥人最爱的水果。而拐过仙人掌林，日月金字塔就在我们眼前了。这一刻，我们屏住了呼吸，因为金字塔的巍峨壮观已经让我们的心灵震撼。

我们一步一步走向金字塔，脚步踏着关于金字塔的动人传说。相传在遥远的时代，第四代太阳停止了发光，大地一片黑暗。诸神从天而降，在特奥蒂华坎这里燃起篝火，并商定谁有胆量跳入火堆，谁就是第五代太阳。于是，有两位神灵站了出来，但其中一位在临跳的时候退缩了一步，让另一位勇敢者占了先机，后悔不已的他只好跳入另一堆火，成了月亮……这是一个关于勇敢与牺牲的故事，墨西哥人如火的性情也在故事中体现无遗。而太阳金字塔和月亮金字塔，就在这样的传说中遥遥相望，屹立至今，以相当二十几层楼的高度、上数十万立方米的体积，和精湛到至今无法解释的工艺水平，让世人感叹。

我们就这样认识了墨西哥。从日月金字塔开始，我们走进墨西哥的历史与现实，走进墨西哥的绚丽文化。

南美在我们的印象中是一个非常独特的地方，墨西哥更是这块神奇土地上的一朵奇葩。墨西哥毗邻美国，政治、经济上受这个超级大国影响很深，但民族文化却如一枝倔强的仙人掌，在炽热的阳光下傲然挺立，和好莱坞与可口可乐分庭抗礼。这是一个很值得研究的现象。走马观花，我们不能在一天中得出什么结论，但在宾馆门前，当一个卖民族工艺品的小贩拦住我们时，他那滔滔不绝的推销中流露出来的异常热情，还是让我们感受到了一种属于民族精神层面的东西。中国人往往是含蓄的，不会这样张扬，而墨西哥人的张扬里则有一种自信，就像小贩盯着我们的眼睛，直视着，而且清澈见底。

自信，是一个人、一个民族最重要的精神力量。它会延续这个人或这个民族的血脉，就像金字塔，日月轮回，斗转星移，却矗立不倒。它将使自己民族的独特性保持下去，直至成长为世界文化之林中的一棵参天大树。

下午，游览小商品市场。那是怎样的斑斓啊，红的似火，蓝的如海，绿的就像阳光下的草地……色彩饱满到了眩目的程度，形态夸张得如同种种神怪。我，就在这样的五光十色中沉迷了。

啊，这就是墨西哥。

嶙峋的风骨

——南美纪行之四

在古巴哈瓦那机场下了飞机，热浪就扑面而来，火辣如同童年印象里声援古巴战友时的游行口号。入住了酒店，不顾炎热，急切地跑向酒店外的大海边。湛蓝的海水迎面扑入眼帘，四下却是静寂无声，徘徊良久，心绪不知落在何处。低头，脚下的一片礁石却吸引了我的目光。

那礁石是暗白色的。由于潮水的经年冲击，凹凹凸凸的，而且露出了一道道的深沟，仿佛松软的物质都已经被无情地冲刷掉，而只留下了坚硬的内涵。整片礁石斑斑驳驳，充满了沧桑感。沟与沟之间隆起的石脊，更冷峭得如同人的骨头，一个强健的，男人的，脊梁骨。

由此想到古巴这个国家的历史。“要古巴不要美国佬”的口号就又在耳边响起，“美丽的哈瓦那”的歌声就又在耳边响起，时间仿佛在倒退，猪湾、卡斯特罗、切·格瓦拉、雪茄烟……一个一个的名字亲切而又陌生，眼前的礁石却幻变成了古巴人的丰碑，那上面写满了这个国家的骄傲。

这个国家今天依然相对贫穷。但是，在每一个古巴人的脸上，你找不到愁苦。宽阔的广场上，停着一辆涂成鲜黄色的老爷车，一家老少欢欢喜喜地倚着车门照相，笑声一阵阵飘来，吸引了我们的目光。导游告诉我们，上世纪六十年代美国人撤出古巴，留下了大量的汽车。现在这些车已经是名副其实的老爷爷了，却仍然在为古巴人服务。租一辆这样的老爷车出游，是古巴人的乐子。我们忍俊不禁，却从中深受感染，似乎我们的旅途也从此轻松起来。而当一群美丽的女学生面对我的镜头绽开纯真笑容的时候，我的心，就在古巴的蓝天下起飞了。

古巴有着丰富的旅游资源。绿宝石般的海水让人惊艳，湛蓝色的天空没有一星尘埃，而高大的榕树与棕榈在天与地间织出了一片葱郁的锦绣。漫步在这样的美景里，身心得到了极大的松弛，思想却在自由飞翔。总忘不了海边的那一片礁石。总觉得，眼前的美丽和那片礁石的嶙峋，有着深刻的内在联系。就像灵与肉，前者给了后者宝贵的生命，后者为前者增添着丰富的色彩。

隔海200里，就是一个强大的并充满敌意的国家。200里，在当今高科技时代几乎是可以忽略不计的距离。但是，这200里，却是两种意识形态的天堑。古巴人在宿敌的鼻子底下树起自己的旗帜，红色的旗帜，宁愿贫穷，也不放弃信仰。这种强硬，依靠的不是国力，而是自尊，是傲骨，是民族的向心力。在柔美的背后，有着强大的心灵。

海水冲刷去了松软的泥土，留下的自然是无比坚硬的礁石，就像人的脊梁，也就像人的生命。无数的坎坷淘汰了人的软弱，才能锻炼出钢铁的意识。这样的意识即使是在逆境中，也仍然会是一杆飘扬的大旗。

其实，更重要的，是意志造就了从容。真正的坚强，留给旁人的印象，往往恰恰是柔和的、美丽的。就像古巴海边的礁石，嶙峋的风骨也是可以让游人陶醉的一道风景。

乘机记

因公经常出差，坐飞机是家常便饭。最近一次去沈阳开会，已于茫茫雪雾中看到机场的灯光，却又被告之因机场封闭而改降烟台。一张普通的机票由此“增值”，被加了一项烟台“一夜游”的项目。

哭笑不得地在烟台小酒馆喝夜酒。窗外夜景却也迷人，隔了大海，雪就循去，踪影皆无。不由得就说起不少和飞机的恩怨。同行者笑，说你应该写写你和飞机的故事，就叫“我和飞机谈恋爱”。细想想，这话有一定道理，人上了天，命运就交给了飞机，有点生死与共的感觉，像是恋爱。但这姻缘哪有那么平等，非要用恋爱来形容的话，人家飞机也是贵族大小姐的脾气，说翻脸就翻脸的。

有一次也是被增加了项目。飞机到延安机场上空，雄伟的宝塔山已经映入我的眼帘，可人家一抬头，哼也不哼地就往回飞了。半小时后，美貌的空姐才淡定地告诉我们，因降落条件不够，飞机要回西安。我们仿佛当年投奔革命的小知识分子，激动之余，一刹那间又动摇了信念，灰溜溜地向后转了。记得毛泽东当年仿佛说过这样的话：延安还是西安，是两条不同的道路。

西安落地后，航空公司退了每个乘客三百元钱，像是退还了男家的彩礼。其实细想，这次不是增项，而是减项，我只走了我应该走的路程的一半。剩下的一半，需要我自己想办法，飞机是不理我了。只是我始终也没明白，朗朗晴空，为什么降落条件不够呢？

如果读者以为只有咱们中国的飞机才这么没谱，那你就错了。就像外国姑娘并不比中国姑娘好伺候一样，外国飞机也是一样的喜怒无常。那回好不容易出访欧洲一次，返程的时候从德国法兰克福飞香港。陪同的翻译按不知道谁定的规矩不进机场，把我们扔到候机厅外就礼貌地拜拜了。当然，告诉了我们航班号和登机时间。但是我们转遍了机场瞪酸了眼睛也没有找到这个航班。我们一边痛悔自己平时不好好学外语一边四处求援，终于抓住个热爱祖国的留学生才搞明白，我们那个航班被取消了。为什么取消，没人说得清，也许是不屑于和我们这群傻呵呵的中国人说清。我们就像是被甩的前男友，骂骂咧咧地吃一顿航空公司提供的廉价餐，然后在九小时之后疲惫不堪地登上另一班飞机。

这另一班飞机倒很顺利的，像是个宽容的闺蜜，替好朋友把后事料理了。而我们，心情真如失恋后的状态，窝囊，而且无从诉说。

当然，凭良心说，人家航空公司从根本上还是为了咱们着想的。我随团去俄罗斯访问，来回都是哭笑不得的悲喜剧。去时先是赶上机场封闭，有一架要降落的飞机似乎出了故障。我们目睹了一次紧急救援的准备场面，确实惊心动魄。五小时后险情排除，我们的心情也随之平复。但算算时间，由于起飞延误，我们在中途还应该多加一顿饭，于是又以两小时的等待来换取旅途的饱腹。筋疲力尽地到了莫斯科，所有日程安排全部打乱。再加上时差的颠倒和豪爽的伏特加，满心欢喜的出访成了一次晕头涨脑的痛苦历程。不料想回来又碰到麻烦，从深圳口岸入境，回北京的飞机从北京起飞后突然返航了，说是发现故障。我们只好又在深圳机场等候十小时之多，才盼星星盼月亮似的盼来了迟到的飞机。细想想，排除故障也好，增加餐饮也好，都是为了我们这些乘客的安全和舒适，所以埋怨归埋怨，也还很少见识过哪位乘客大打出手，或者从此不坐飞机。不过大概也正因为如此，飞机姑娘的脾气越来越大，和乘客们的这场恋爱也是吵吵闹闹分分合合，悲喜尽在其中，而且没有尽头。

身为警察，出差总是难免，所以深知我和飞机的恩怨也没有终止的。回头想想，也觉得有趣得很，当时咬牙切齿的惨痛经历，不知为什么现在回忆起来却是一种快乐。看来，心态还是最重要的，平和乐观地面对生活，和大佬脾气的飞机谈恋爱也是乐趣。起码，我的这次烟台“一夜游”，让我第一次见识了这座滨海小城的美丽，而且是迷离夜景。

佛山纪事

于广东佛山开会，游南风古灶，久久徘徊于灶前。陈年灶火在眼前跳动，铿锵的金石之声在耳际回响。恍然间，就有名人诗句从脑际浮出，“沧海月明珠有泪，蓝田日暖玉生烟”。想想，既显直白，也不应景，唯有一个烟字，还算有些达意，不禁失笑。想文化就是如此，浸染之下，虽驴头不对马嘴，但思想中和中国几千年的曲韵，却是分不开的了。

会议是研讨古典诗词和现实公安工作之关系的，似乎风马牛不搭界。其实现实中看似不搭界的东西太多，细想下来又都有千丝万缕的联系，有时候历史太久了，联系着的线就似乎断掉，断续之中就有了些许的谜。谜面也许是秦砖汉瓦，谜底却在千年浩瀚之中，谁也猜不透。像失传已久的秘色瓷，只知道一片澄云般的清纯，却找不到碧水的源头。文化由此成了一串散落的珠子，叮叮咚咚地在空间与时间中吟诵。

于是，坐饮香茗，看眼前的西樵山也沉默，莫测高深地俯视古灶的火种，承受着四百年的香烟。人便沉入思索，想许多是是非非的事情。

其实断也不怕。汉赋，唐诗，宋词，元曲，明清小说，看似改头换面，其实血脉相连。珠子散落时的叮咚，声声还都是华夏山水的风韵。“三十功名尘与土，八千里路云和月”，转瞬间，路去了，人还在，南风古灶的火永远燃烧着，有多少谜就在这文化的火苗中无解胜有解了。

现实当然是尘世了。“十年一觉扬州梦，赢得青楼薄幸名”，沉沦似乎已是人们不再为之羞赧的生活方式。但，文化还在，风景还在，人的心也还在。中华文化的生命力，不是风风雨雨可以摧毁的。相反的，如风雨过后的沃土，总有种子要发，默默的，就是一片绿色了。而正是这一片片的绿，终将会把这纷繁世界淹没进美好的梦里，沉淀出一种厚重的纯洁。

于是会议的议题不再荒谬。搏杀在黑与白的最前线，公安民警理应得到文化，特别是中国传统文化的滋养。思想是不能没有养分的，枯萎的思想往往比荒芜的原野更可怕。“大漠孤烟直，长河落日圆”，荒芜的原野还可剩下风景，一颗死亡的大脑却只是一团腐肉。

这就是南风古灶给我们的启示。

说到公安文化，窃以为是中华传统文化长藤上的一朵小花。若想娇艳，没有长藤的茁壮是不可能的。今天的公安文化，也不可离开千年的传承。我们过去多追求刀光剑影的热闹，事实上，思想的沉静与深邃却是根本。举一个舶来品的例证：花哨的《阿凡达》在奥斯卡上败给了朴素的《拆弹部队》，原来，美国人也并不总是浅薄的。

行文至此，谨以一位公安诗人的佳句为结尾：

箪食壶浆凝厚望，柔肠侠骨化春埃；腥风血雨征衣重，陈戟新旌晓露白。几代丹心书伟卷，一城意气筑楼台；唳声高远听金鹤，嫩水长清倚众侪！

附记：南风古灶，位于佛山，自明正德年间建灶烧陶，至今烟火不息，已四百余年。

签名本里的情意

偶读一位藏书界朋友的随笔集，每每会读到签名本这个于我还是有些陌生的名词，感受到作者字里行间洋溢着的一种喜爱，不禁引起了我的兴趣。想想也是，签名赠书和接受馈赠，实在是文人间的一种雅事，如词曲间的唱和，琴瑟间的合鸣，满有风花雪月的韵致。

想我的书柜里，也有着不少的签名本。我对它们的尊重，仅限于在处理旧书时，绝不会把它们扔掉。和藏书界朋友相比，实在汗颜。人家是在做一门学问研究的，而我，却是身在宝山，不知其珍。认真地反省自己，却也有些安慰，因为我收藏的签名本里是有情意在的。

签名赠予我书籍的朋友，大抵是两种，一是文学圈里人，一是从事着警察职业的战友。但细想起来，其实这两种人在很大程度上是重合的，也就是说，大多数人是在警察与作家间行走的公安文学作家。我这里用了行走这个词，指的是精神层面的东西，并不仅仅是着装上的区别。如著名作家李迪，从未在公安部门工作过的，却能够八下看守所，与民警和在押人员同吃同住，连春节都在监房里度过。他的精神，就不仅仅是公安精神所能概括了，而是人性的光芒闪耀。他签名赠予我的大著《丹东看守所的故事》，当然是我收藏的珍品。

有一部签名本是我置于案头，常常在读的，已不知读过多少遍。每读，必有一点感受在心头。这本《永远的章大编》是高桦老师赠予我的，是怀念著名编辑家、高老师的终身伴侣章仲锷先生的文集。章先生是京城德高望重的编辑家，他生前与我的接触并不多，颇有清淡如水的味道。但却是他老人家编发了我蹒跚学步时的第一篇小说，说是我的文学引路人当之无愧。但我读怀念先生的文章，却更多是在领会先生的人品，那种谦逊、认真和耿直，于今天纷杂的社会，无疑是一剂良药了。

每一本签名本的背后，当然都是有一个故事的。故事的核心，自然是有情有义，否则，构不成故事。我的两个好友，吕铮和李小重，都是锋芒正健的作家，也都是在一线拼搏的民警，一个在经侦部门，一个则是铁路警察。他们的书，每每读来，总感烽烟扑面，热血在胸，其情意是感天动地的。这种情意，是警察对人民的热爱，对社会的责任，也有他们对文学的痴迷。痴迷，其实是对做事业者最好的形容了，辞了工作，甘心从事清贫的文学写作者多之。而把毕生奉献给公安事业的，更是灿若群星。

其实细想想，我手边的签名本和藏书界朋友的签名本是有区别的。区别在于，藏书界朋友的签名本，大多是收集来的，赠书的和受赠书的，只有扉页上的签名是线索，这当然就有研究的必要了。而我的书，签名的都是师长和朋友，所以，研究谈不到，但却是感情色彩浓重。对我来说，那一份赠予，是其他任何可以用金钱价值衡量的东西不可比拟的。所以，我对书们的永久保存，其实是一份敬意。

由此也想到一个啼笑皆非的小故事：某次文学创作班结束，依依不舍的告别宴后，某位提前返程的同学宿舍里，却遗留下一大堆同学们赠送给他的签名书籍。把这件事转述给我的人愤愤，而我想：但愿他那时是喝多了，因为我也曾有一次醉酒，丢了我的手机。

我不仅仅是宽容，更有一种希望。

闲说价值

最近常看一档电视娱乐节目。当然，人家不说自己是娱乐，只说是电视交友。好像娱乐是北京餐馆里的河豚，可以偷吃，不可以明说。节目其实挺好看的，美女如云——没错，你猜到了，是《非诚勿扰》，据说是目前收视率第一的节目档。

其实细想想，《非诚勿扰》也确实不仅仅是交友那么简单。节目做到现在，有点醉翁之意不在酒的意思了。特别是有个叫马诺的丫头，说了“宁愿在宝马里哭泣”的名言后，女孩们的价值观成了人们关注并诟病的话题。有专家说，《非诚勿扰》成了社会的一面镜子，折射的是当今的林林总总。说不尽的个中滋味，只有观众自己去品味了。

这里面说到了价值的问题。

现在的人似乎都很实际了。除了渴望宝马车和别墅的女孩，来参加节目的男士中也有好几位直白地宣称是来找年薪百万的富婆。女孩当然觉得自己值得起宝马，梦呓的男人也认为自己等价于富婆。他们来之前都是上秤称了自己的，但那秤是否准确值得怀疑。其实说，心就是一颗吹大的肥皂泡，光怪陆离却又脆弱得很，眼睛里读到的数值当然就是幻觉。而留给观众的，无非就是笑料罢了。

这就是价值观的扭曲了。扭曲的原因是对物质的过分追求。把自己的生命完全和金钱等价，当然一切就都赤裸了。

雷锋曾经有句名言：工作上向高标准看齐，生活上向低标准看齐。这也是一种价值观。这种价值观的前提是谦逊，是感恩，是信仰。不管社会怎样变化，其实这种价值观才是值得我们推崇的。因为人若没了理想和信念，好像在物质生活上，也会没了快乐。

人就是复杂的。有对美好物质生活的渴望，也有思想层面上的追求。我们不反对生活的精致，就像雷锋也是个喜爱打扮的青年。但如果让物质无障碍地侵入思想，使人的理想物化，那么《非诚勿扰》里的某些无耻，就会没人再嗤之以鼻。谬误成为习以为常，甚至成为一种向往，那么这个社会的精神和文化支柱，就会土崩瓦解。

最近，孟建柱部长在全国公安机关反腐倡廉电视电话会议上，也说到了价值观问题。他提出了“提升思想境界”的新理念，指出：要“教育广大公安民警树立人生最大的价值在于奉献的理念，坚持党的事业、人民的利益第一，通过加强学习、开阔眼界、提升境界，正确看待个人的名利，更加自觉地把个人的理想追求同国家、民族的追求和奋斗目标统一起来，在平凡的工作岗位上创造出不平凡的业绩，在服务社会、造福百姓中收获幸福充实的人生”。孟部长的讲话，抓住了一个根本，那就是价值观，那就是一个人对待社会、理想和自己人生的认识。

这种认识不应只是人民警察一个职业所该具备的，它应该是我们这个前进中的国家里每一个公民的自觉。当然，作为国家机器的公安民警，我们的信念里，更应该注入这样的坚定。

这种坚定，其实是我们民族的传统。而在今天，更是我们民族的希望。

勤奋与廉洁

有一种说法，悄悄地在社会上流传着。说是当官儿的，只要勤勉办事，有些贪也罢了。乍一听，似乎也有些道理，而事实上，也常常见些贪官，是摆出一副勤勉的样子。但再想，却只觉得悲哀了，这说法不过是面对腐败时退而求其次的自我安慰罢了。再说重些，是对腐败的一种放纵。说到廉政，勤政其实是不能回避的重要内容。

贪官的勤勉，其实更多时是一种遮掩，是一面心虚时举起的虎皮大旗。好多贪官头上都顶过这种光环的，甚至有相当多的贪官是在会议上、在工作现场被抓的。想想当时场面，刚刚还在指点江山，转眼成阶下之囚了，投向他们的目光该有多少惊愕？于是有人会说，哎呀，某某还是肯干的，有成绩的，该放一马就放一马吧。

人就有这样的毛病，喜欢无原则同情弱者。贪官落马，人好像就弱了，总有些糊涂的和事佬会跳出来。

这且不提。还是说廉政和勤政的关系问题。

廉政的内涵里是必然有勤政的含义在的。当然，我们所说的勤政是真正的勤政，不代表贪官的遮羞布。读中国历史，凡属清官，必工作勤勉。海瑞一生不得志，唯其能自己做主的一段生涯，是 1569 年（明隆庆三年）调任右佥都史。海大人摩拳擦掌，立即上马了疏浚河道的工程，可见心之切切。可惜的是，他随即遭到排挤，赋闲达 16

年。清官的勤劳，也往往是贪官们诟病的把柄，这也是无奈的事。

其实勤奋和廉洁是一件事物的两面。勤奋者，心都在工作上，都在事业上，都在老百姓的疾苦上，个人利益置之度外，岂有心思贪图享受。廉洁者，严于自律，警钟长鸣，心无二用，自然把精力全放在工作上。换一个角度说，贪，常常缘于懒。有躺倒的欲望了，奋斗就成了一种厌烦，而舒适当然就是追求的新标准了。懒惰是松懈的开始，从享乐而至贪婪，最后必然以沉湎为结束。

反复声明一点，我们这里说的勤奋，和贪官的表面文章是两回事。真正的勤勉，是出于心的。

报载：有海地维和英雄、公安部装备财务局局长朱晓平的战友回忆朱晓平，说他从来出差都是高效率，往往下飞机不去宾馆，直奔工作现场办事。据说，这次他率队出差海地，也是如此。当大地震来临之时，他还是连住地也没来得及安排……

英雄用他们的行动和鲜血，为勤政作出了一个最壮美的注释。这注释足以使人动容。

1 月 19 日，英雄们自海地回家。松柏重重，阴云低挂，半旗被泪水打湿。此时此刻，说悼念的最好方式，莫过于撷取英雄精神的精髓，鼓舞每一个人的良心。

中国人是向来崇尚勤劳的。中国人是被称作勤劳勇敢的中国人的。五千年的文明，源于我们的勤劳。而在今天，我们却似乎不大说到勤劳这两个字了。因为我们面对的享受已经太多太多，而且，我们似乎也已经有了享受的资本与权利。但是，在英雄面前，我们应该思考。在腐败面前，我们更应该思考。思考是使人进步的，思考的结果，向来是人类的前进。

如果我们就此想透勤奋与廉洁的关系，那么，我们的英雄就没有白白离去。

魂在，我亦在

人是活在自己的灵魂之中的。

这是一个似乎有点矫情的说法。因为在当今纷杂的社会，人似乎可以有许多种活的方式。性格内向的，可以做宅男宅女；活泼浪漫的，可以歌舞升平。有钱者，可以挥金如土；没钱的，过你的平常日子也罢。生活压力大了，更有人提倡活得没心没肺一点，心态好，就什么都好。

至于灵魂的话题，似乎正在淡出人们的世界。

似乎也没什么错。但人就是一种奇怪的动物，喧哗过后，在静下心来的时候，一定会有没着没落的感觉。就像在雾中徘徊的独行者，浓稠的云雾屏去了所有声音之后，就茫然不知身在何处，心便战栗起来。思想穿行在时空的寂静里，灵魂就跳出来，面对了自我的悔悟。

物质的快感享受其实就像一日三餐，饿了还要吃的，无非是循环而已。思想的丰富才是人类最独特也最宝贵的特性。如果说人有灵魂，人的灵魂就是人的思想，就是人的生命，就是人创造能力的象征。因此，人若没有灵魂，就是一具躯壳了，就是行尸走肉了。起码，与动物无异。

也正因为如此吧，进一步说，灵魂的堕落就比没有灵魂更可怕也更可憎了。

在酒席间遇到名人，当然是谈笑风生的。但名人的话题却总不离开脐下，以此表现自己的丰富和倜傥。名人当然是有灵魂的，起码会思想。但他的思想明显是堕落的。所以，他不如不是名人。不是名人，他不至于影响别人，是名人了，他就是污染源了，起到了一条鱼腥一锅的作用。

因此，灵魂是要有底线的，是要有规矩的。自由的灵魂是人们所追逐的鸟，而鸟只能在天上飞翔的，想要潜水就是自杀。那诱人的晶莹水面，就是鸟的底线了。

冲撞底线的事现在常常有，每一个贪官就是一个灵魂出轨的故事。暴露了，就装出无辜的可爱样子，说自己是法盲，是不懂事。更甚者，作出一副头大无脑的状态，俗称装傻，也就是灵魂出窍的样子。其实这种掩护是骗不了人的，把堕落的灵魂藏起来然后说自己是傻子，实在有点不厚道。

灵魂需要常常洗涤，需要常常输入新鲜氧气。例如说在酒席上遭到名人污秽的泼粪后，你就要到幼儿园去，听听最纯洁的天籁之音。灵魂的洗涤当然更重要的是政治上的端正，其实所谓灵魂，核心就是人的信仰。

前不久，全国公安厅局长座谈会全体代表登上了井冈山，重温了入党誓词。我相信，苍松翠柏间的厅局长们，灵魂在那一时刻是震撼的。而这种震撼，势必将影响他们的今后。

作为一个普通人，灵魂的洁净也许还只是个人修养问题。而一个领导干部，信仰的坚定与否是一方事业的保证。太多贪官的惨痛已告诉我们，他的惨痛不是个人的，而是关系执政党的地位和人心的向背的。

因此，井冈山的路是要常走的。

因此，人的灵魂是一个不容忽视的问题，不可丢失，更不可浸染。

魂在，我亦在。

由美食所想到的

把美食和文化紧密联系在一起，甚至把美食视为文化的重要部分，似乎只有中国人如此。世界各国也有美食，但我孤陋寡闻，印象里多是强调食材的珍稀、加工的精细和味道的纯美，与文化大抵无关。更不用说会有那些诸如麻婆豆腐、东坡肉、宫保鸡丁等背后有着悠久历史和趣闻故事的美味佳肴了。

余生恨晚，许多美食故事只能从书本上读来。最早应该是陆文夫先生的名作《美食家》了，当时读得津津有味。美食者，还能成名成家，也是那时才知道，之前我辈是只知道“文化大革命”中的忆苦饭的。时至今日，书店里的美食书籍铺天盖地，而且大多图文并茂，让人翻开书页就有唾液生出，不禁浮想联翩。这之中我最偏爱者，还是有关美食与文化的那些关联，总觉得回味无穷，有许多可琢磨之处。

中国人热爱美食由来已久，但从历史上看，最初并不是喜剧故事，更多是辛酸和苦难。翻开中国史，饿莩遍野是常见的词汇，人吃人的惨剧也常常上演。“民以食为天”，几乎是中国人垂死挣扎的呐喊。著名的昏庸皇帝晋惠帝（259－306），曾有句著名的言语：“没有饭吃，他们为什么不吃肉粥呢?”有君如此，民何以堪。而在这样的悲惨境地里，美食为何能成为中国文化的一部分，全在于中国人面对困难的坚强不屈和苦中作乐的豁达。看看流传至今的那些名菜吧，叫化鸡，是乞丐的创造；四川火锅，是船夫的发明；北京著名小吃豆汁儿，是从城市贫民而传入宫廷的；四川有名的夫妻肺片，也是由街头小贩而引起达官显贵们的喜好。今天的美味，是昨天的窘迫，更是劳动人民的一种智慧和向往。把对好生活的期盼融注到各色食材上，刀功火候都有了别样的心情，美食也就诞生了。

著名美食家赵珩先生的《老饕漫笔》和《老饕续笔》，许多篇什是读了多遍的，深感回味隽永。赵先生家学渊源深厚，他的文章引经据典，娓娓道来，妙趣横生。印象最深的，是他回忆自己兵团生活的《又到中秋月圆时》。写一次孤身在沙漠里执行任务，夜宿小村，疲惫不堪，见皓月当空，方想起时在中秋，手边却只有两个冷馒头。赵先生敲开供销社的门，买了些白糖，掰开馒头夹进去，自制成了两个“月饼”。独坐沙漠，仰望明月，彼时赵先生的心情，不是凄凉，却是感动，“不知是天地拥抱了我，还是我拥抱着天地”？每每读到此，我都被这“感动”二字所感动，只觉得那般困境，先生却是苦中作乐，甘之若饴，中国人的乐观生活态度，可见一斑了。而正因为有这种乐观精神，战乱颇颇，灾难重重，中华民族却顽强地繁衍生息，发展壮大。美食文化告诉我们的，是一个伟大民族的生存密码。

今天中华美食的发展，已经丰富到让人眼花缭乱的地步了。不管川鲁闽粤，哪一个厨师都在绞尽脑汁地花样翻新，不断创造着新的美食奇迹。这当然是食客们的口福，而且，不仅是中国食客的口福。君不见，中华料理已经在全球攻城略地，成为了全世界人民的共同财富，让白皮肤和黑皮肤都馋涎欲滴了。而我，却只希望，不要在这种繁荣中淡化了中国美食的文化蕴涵。如果北京烤鸭也成了星期五餐厅里的美国大猪排，我以为是悲哀。

真正流传于世的美食都是和黎民百姓紧密相连的。这其实和文化的发展同理，所谓“扎根生活深入人民”。这些年出差较多，在许多基层公安机关吃过食堂饭，内蒙古的莜面鱼子，江南的油焖笋，鸭绿江口的炖江鱼，青海湖边的糌粑。警务保障这些年也是突飞猛进地发展，融汇其中的，当然是对基层民警的关爱，也是公安文化的一部分吧。我印象最深的一次，是在苏州。春天已至，草长莺飞，派出所食堂桌上，多是香椿、草头、春笋之类，一律清炒，少用荤腥，那真的是满室清香。所长笑说：“都是这个季节苏州最不值钱的东西。”我却想：从文化的角度说，这一桌的雅致，远胜过某些高档会所里的鱼翅燕窝了。

作序的故事

年龄大了，似乎也就有了某种资格。这几年陆续有些写作的朋友，邀我为他们的大作作序。仿佛也是一种承认吧，大概自己的名姓还不至于给人家添了恶心。小小的虚荣心作祟，也就有时动动笔。但我一向不大喜欢这样一种作序的方式，即：由著作者提前拟出草稿，然后请你来署名。理由是：您工作繁忙，就不必让您亲自动笔了。算是一种恭敬的态度。而我觉得，这实际上剥夺了作序者的许多乐趣，很有些扫兴的。

乐趣之一，是阅读的愉悦。为一个朋友作序，理所当然要先拜读他的作品。常言说，文如其人，每每就会在字里行间看出朋友的音容笑貌的。更何况，文字是一个人内心的坦露，读完他的书，你常常会为他所感动，和他更亲近几分。为贵州六盘水市公安局白平局长作序，读他的大作时，这位几十年未见的老朋友，其文韬武略便历历在目，不由我不生出《为自已歌唱》的感慨。而署名为序，经常少了这道程序了，读不到他的书稿，则著作者的自说自话，反会让你生出几分隔膜。

乐趣之二，是书写的畅快。哪个作序者（若干赶时髦的官员除外）也是文字的喜好者，写点东西对他们来说是如饮甘泉般的快乐事。起码，我是如此的。我喜欢把每一篇序言都当作散文来写，也许走题，但求文美，情真。陕西公安老作家张仕德兄和其女张蓉合出文集，嘱我写上几句，我欣然为他父女写了《张家有女》，其文主题已不是评论作品，而多是羡慕张兄有女承接父业的骄傲和幸福了。张蓉同志这几年进步飞快，俨然已超越乃父，可喜可贺——当然，这是题外话了。

乐趣之三更重要，即作序者和著作者情感的沟通。其实作序者往往也是个著作者，他为一位著作者写序，其实说到底，也是一个著作者和另一位著作者的交流与沟通。更何况，二者平时每每是有交往的，常是惺惺相惜的友情。对我来说，白平局长是如此，仕德兄亦如此。我为浙江《平安时报》著名记者、诗人艾璞的散文集作序，则因为我们早就是公安新闻界的同道，采访，赶稿，曾有诸多共同的苦乐。读他的长诗《民警王法金》时，就有过强烈的共鸣。为他的集子说上几句话，于我是责无旁贷的事情。署名序，著作者则常常不是很熟，即使熟，有他自己画定的圈圈在那儿，孙猴子就也不好跳得太欢腾了，否则就是费力不讨好。

给别人作序有两点要注意的，一是锦上添花，一是雪中送炭。于前者，我比较注重从著作者本身的性格特点落笔。我总以为，一个人的性格品行，肯定左右着他的思想和他的文字的。河北公安画家、作家王胜田同志邀我作序，我为他写了《纯朴如胜田》。胜田同志确实是个纯朴的燕赵汉子，话语不多，于是他的文字注定也是朴素而且真挚的了。写了他的人，也就论了他的文。而于后者，讲求的是出于公心。指出一个人写作上的缺点或不足，只要是言辞公正，就是雪里送炭的意思。

我曾经说过多次，我和公安文化圈里的朋友，亲近感更多是来自我们共同职业的浸润。我答应为之作序的朋友，也大都是来自这个阵营中的战友。这应该说决定了我在写那一篇篇小文时的基本态度。从这个角度说，我更不希望在别人拟好的文字上署名了，因为感觉只有我自己的劳动，才对得起朋友们在辛勤工作之余的写作，也对得起他们在公安一线的奋力拼搏。

我的办公室

到了这一把年龄，思想里便有了一些怪怪的、以前不大会去思忖的东西。我不知道是否人人如此，反正，我是这样。

例如说办公室。

目前我在一所大学校园里办公，我的办公室窗外是一株高大的核桃树。绿荫如盖，让我永远享受着清凉。此时盛夏，看一只喜鹊努力地啄破硬壳，偷吃未长成的嫩核桃，也挺有意思。我的办公室就很有些出世的意味。

想当年做工人，当然没有办公室。一间大家共用的休息间，外屋就有台钳电钻，休息间只算是车间的附庸。但那时社会政治风气浓厚得很，我们组长又是个正在积极争取什么的家伙，于是窝在休息间里学习，成为我们每天的必修课。那间杂乱的小屋，也因此神圣了些。我对于办公室，也由此有了些雏形的概念，像个刚尝到熟食的原始人，以为天下美食莫过如此了，认为办公室就是个可以念社论的地方。

办公室当然是要念社论的，也读公报、通讯、批判文章。后来进了公安局工作，终于有了一张自己的办公桌，尽管桌面上的玻璃板是别人的屁股坐裂了的，但也窃喜得很，郑重地沏上了自己当了小干部后的第一杯茶。

其实现在想想，办公室意味着的是责任。回想当年，每一次办公室的调整都是工作上的一次变化。我干了一辈子的宣传，报纸办起来的时候，编辑部调整到了一间办公室里。刊物创刊了，新的编辑部自然搬出来，没有办公室，就找了个空院建了座简易房。如是现在，讲究环境美，在机关院子里建简易房恐怕是想也不敢想的事情，但那时我们就办到了，颇有些改革开放敢想敢做的样子。

简易房实在够简易。有晚值班，躺在床上竟意外地透过房顶的破洞看到了星星。但简易房那段日子是我终生难忘的，因为它承载的是我们这一代公安宣传干部从幼稚到成熟的全过程。那本刊物在我们搬进简易房时发行到四十几万份，后来逐年下降，最终停刊。但它算是一块磨刀石吧，磨砺了我们，成就了今天。

简易房的趣事很多。前不久有位青年女警察打我电话，开口就叫大爷。细想，她父亲果然和我是简易房的战友呢。她小时候在机关院子里乱跑，我们大家轮流抱过她的。现在，人家是市公安局优秀民警，专门在街上抓小偷。

简易房后来终于被拆除了，编辑部有过一段颠沛流离的生活。再后来，我有了职务，办公室当然就是单间。

这几年走南闯北，进过的各级领导办公室无数，见识过朴素，也见识过文雅。当然，也在某些豪华面前目瞪口呆过。记得有位县级领导，给我炫耀过他的迷宫。当我已经走累了的时候，他神秘地推开他的书架，露出一间小而精致的休息间。我当时真的想起我当工人时的那间休息间了，也想起我们小兄弟挤在一起听组长念报纸的情景。于是，我无语。

我的办公室多年来保持了一种传统，即：乱。不管搬到什么地方，不管房子大小，始终如一。很奇怪，只有乱着，我才能找到我想找的任何东西。若是收拾干净了，我就会茫然，就会有一种不安全感。由于现在从事公安文化工作，我每天收到的全国各地文友寄来的书刊，是我办公室里最重要的物件。我曾在小文《签名本的情意》中说过，这些书于我来说是珍贵的，珍贵在于情意。于我看来，它们比县长办公室里的翡翠摆件，要有价值得多。

于是闲暇时，在看过了喜鹊偷吃核桃之后，我常仰在椅子上，欣赏我那四大书柜的书。我觉得，一个人的办公室若是没有书，那就不如棺材。而如果办公室里仅有那些只起装饰作用的精品书，棺材不过就是上了些档次罢了。再说句粗俗的比喻，是夜壶镶了金边。办公室一定要像书房，要有你随时翻看的书。这些书可以参差地杂放在书柜里，也可以随手扔在沙发上。如果会有一两本常常挟在腋下去厕所，就更好了。

于是，我爱我的办公室。爱那些给我启迪的书，爱那只调皮的喜鹊。当然，也爱我的工作。最后，给大家透露一个秘密：我的办公室，面积为十八平方多一点儿。

我不懂

参加研讨会，对面座位上的老先生，慈眉善目的。发言时，老先生的开场白是：“我不懂，但我主持创作的作品得过××奖和××奖。”如数家珍，令我肃然起敬。

“我不懂”，听来是句谦虚的客套话。说这话的人多了，听者也就不怎么在意。其实细想想，有人说我不懂，是真正的不懂。临时被拉来充门面的某位领导，主管项目和会议内容南辕北辙，却不得不说两句，这时说的不懂，算句老实话。别有一种人，则是行内权威，他说的不懂，其实有底气撑腰，半是调侃半是谦虚，以示平易近人的成分居多。听者哈哈一笑，谁也不当真的，该敬佩仍然敬佩。

说“我不懂”最多的其实是这样一些人。他们算不得大家，略知皮毛，或算“半瓶水”而已。“我不懂”的客套话，就是假作真时真亦假了。既是抵挡质疑的挡箭牌，又暗含着一点骄傲和矜持。最让人哭笑不得者，则是把“我不懂”的内涵偷换，他的语气和他的神情，分明告诉你的是：“我不懂，我还能做这么好，我要是懂了，你们算什么?”“我说我不懂，你们真敢信么?”

慈眉善目的老先生，其实还是真诚的，10 分钟的发言，他一直在介绍自己的学术成就，为“我不懂”添加注释，和会议内容却不大搭调。听来，老先生确实算学有所成，其实不必这么没底气的。由此，也就为他，也为更多的人，感到了一种悲哀。今天的社会，光怪陆离的事太多。看上去生机勃勃，给人的内心带来的，却是崩溃。坍塌后的心房里，闯进了些得意的苍蝇，乱哄哄的世界没了支撑，思想挥舞的苍蝇拍就显得毫无力气。

“我不懂”的含意，也就由此而复杂起来。字面上的意思和内里的情绪，竟是风马牛不相及的东西了。简短而普通的三个中国字，反映出的，竟是当下中国的某种风气。

再由此推想出去，其实现在许多话都已经复杂，甚至不再是原本的意思了。说一个人老实，还是表扬吗？被说为老实的人自己都会认为你在骂他。说某件事情“原则上可行”或“原则上不可以”，其实做起来恐怕就是最没有原则的乌龙。有些人的聪明，在这些地方充分发挥，缝隙中的游走，说到底不过就是为了利益。

当利益成为衡量一切的标尺时，所有语言都会变味。“我不懂”背后的深意，也不过就是某种欲望的暗流涌动，反映着浮躁和虚空。研讨会结束后主办方请吃便饭，老先生拿出自己的大著，逐个为大家签名赠送。当轮到我时，老先生手里的笔突然停下，认真对我说：“我是享受政府特殊津贴的”。我当时一愣，肃然无语，唯有诺诺。

角落里的静静等待

在我家冰箱顶上，伫立着一个俄罗斯警察，瓷制，青花釉，做举手敬礼状。和俄国所有的工艺品一样，有点笨拙，有点粗糙，有点傻呵呵。唯一设计精巧之处，是他的帽子是活的，摘下帽子你就发现，噢，原来它是个酒瓶子。

这就有意思了。它让我想起我在莫斯科访问时认识的所有俄罗斯警察兄弟，和喝掉的所有伏特加酒。每每坐在饭桌前，抬头看见他，我都会笑出来。

现代人忙忙碌碌，每个人都感叹着生活的不容易，好像大家都被什么捆绑着。家对于许多人来说，也成了仅供吃饭和睡觉的场所，有时觉得比旅馆还要冷清。其实更冷清的，是我们的心灵。有时想想，就在我们这个最后的小天地里，在隐秘的角落中，也许就有许多我们遗忘了的小东西和小快乐，在静静地等待我们。是我们，因为心的冷，而忘却了。

前几天我在微信朋友圈里晒了几个小物件。一枚美国警徽，是一位华裔美国警察局局长送我的。一个小巧的马黛茶罐，来自遥远的阿根廷。而那个蓝瓷的小腊肠狗，是我在意大利比萨斜塔下的小摊上买的，当时真的是爱不释手。它们都在我的书架上待了多年，有时打扫房间时会为它们掸掸灰尘，却始终没有和它们真正交流过。曾经有一位朋友抱着孩子来做客，对我说：我女儿喜欢你那条狗狗。语气里分明是想讨要的，我也不过是因她的这种自私而断然拒绝了，也没有对那可怜的狗更热爱起来。它继续留在我家，不过是仍然在角落里等待。

是的，它们在等待，等待我们的爱抚，等待我们的关注，等待我们在疲倦和沮丧的时候，来默默地抚慰我们。别以为它们没有生命，其实它们的生命是我们赋予的，它们身上背负的故事，都是我们生活的笔触。

女儿从美国游学归来，从好莱坞给我带了一件小小的工艺品。美国人的东西，科技含量永远大于文化内涵，一只有机玻璃小盒子，做成五角星状，里边灌满了水，漂浮着两个塑料的小摄影机。按中国人的思维，真是很不搭界的玩意儿。但它是女儿从万里遥遥之外带回来的，那盒子里就加注了特殊的情感。看见它，就仿佛看见女儿的笑靥了。夫人给买的一个沙皮狗钥匙坠也是如此，表面漂亮的银色已经磨去，现在灰头土脸的它，却依然骄傲地站在我的案头。

说东西是有感情的，也许是矫情，但人是有感情的，谁也不会否认。角落里的小东西，其实都是因为爱才来到我们身边的，是我们的感情涂满了它们，它们才有了光彩。想想人也是残酷的，忘掉这些小东西，不是因为我们的冷漠吗？其实我们同时忘掉的，还有快乐和爱。怠慢了别人，也等同于轻慢自己。

常常从角落里找出这些小东西看看吧，它一定会让你回忆起一次旅行，一次邂逅，一次聚会，或一次生离死别。别让它们再寂寞地静静等待了。这样的等待，也是一种辜负。这样想着，我就为我的俄罗斯警察细心地拭净了尘土，然后，学着他的样子，给他敬了一个礼。

中国人的信仰文化

有朋友送了一副橄榄核手串给我，是常见的佛教题材十八罗汉，雕刻很精美。在手里摩挲许久，忽然想，罗汉也该算是神仙吧，反正寺庙里是有供奉的，此刻，雕成玩物，供我们凡人天天把玩，一张张或严肃或慈祥的小脸儿被揉得油光光的，是不是有点不敬?

有理论家认为，宗教是文化的最高层次。但在现实中，中国人对神佛似乎都不大尊重。这俨然也成了一种文化。改革开放初期，海外的种种思潮涌进来，我们第一次读到了台湾作家柏杨的《丑陋的中国人》，对他把中国文化比喻为“酱缸”深感震惊。那时的我们仍习惯着非黑即白的思维方式，“文革”的极左思潮刚刚退去，我们正为归来的传统文化而痴迷，很有点接受不了柏杨的尖锐。但静下心来思考，似乎从那时起，我们开始真正重新审视我们的悠久文化。时至今日，我们似乎越来越发现，中国人对信仰从骨子里有着一种实用主义的态度。

有位朋友，就属于逢庙必拜的典型。从普陀山的观音，到五台山的五爷，乃至北京妙峰山玉皇顶的老娘娘，只要足迹到处，香火必然到了，而且虔诚有加。细问下来，乃因高堂老母有恙。此君的孝心令我感动，也敬佩不已，但纳闷的是他到底信谁？有一回终于忍不住问了，他想想说：谁灵就信谁吧。

这就有点让人啼笑皆非了。

中国文化博大精深。但深虽深，大也大，自然也就杂芜起来，泥沙俱下成为一种必然。中国又是个多灾多难的国家，历史上动荡的时候多，太平盛世少，对未来不可知的恐惧和对自身生存的不确定感，似乎注定中国人喜爱求神拜佛，在信仰中寄托一点点的希望。这种希望确实往往很实际，体现着中国人的生存艰难。今年的丰收，来年的温饱，父母的安康，孩子的成长……久而久之，神佛成了心灵的遥控器，似乎按一按，就会在大脑里有了慰藉自己的图像，满足感油然而生，而遥控器也就放到一边了，有需要再用。时至今日，金钱成了许多人追逐的唯一目标，信仰也就随之堕落，人人恨不得前脚在庙里烧了香，出了门就想捡到只金元宝。

这样看来，中国人的实用主义似乎是有些道理的，起码，有它的历史缘由。但这种“临时抱佛脚”的敬拜方式，实在是遗患无穷。尽管宗教是信仰的极致，但信仰并不仅仅限于宗教。对道德的尊重，对传统的继承，对规定的恪守，对法律的遵循，都需要一种信仰的力量。不信，或时信时不信，或利己就信，不利己就不信，一切崇高终将被弃为草芥，最后，坍塌的就是中国人的精神家园了。

这不是危言耸听。当今社会，道德缺失，精神堕落，是非颠倒，神鬼不分。常在香港电影里看到黑社会头目在庙里一本正经地烧香拜佛，不禁哑然失笑，觉得佛若有知，真的也该避之不及了。可这故事现在已经变为现实，据报载，有若干的贪官是迷信神佛的。求佛祖保佑自己的胡作非为，也算是实用到家了。

话说回来，贪官若是自知羞愧，不敢进庙门，那也算尚有良知，起码还心存敬畏。但真若如此的话，我相信他也不会去明目张胆地贪污腐败了。一个人若能还畏惧些什么，大抵是有救的。

回过头去再读柏杨的《丑陋的中国人》，真的感觉我们的文化在某种意义上是需要改造和革新的。“酱缸”的比喻不能说不贴切，身处其中，抵御和抗争，也是人生一大课题。否则若是随波逐流，所有人最终就都是腌菜了。我在一个文学座谈会上说过一句话：不管多忙，要在自己心底留一片文学的天空。现在想想，这话应该这样说：不管多纷杂，要在自己心底留一片信仰的天空。这片天空，尽管可能极小，却应该是最洁净的。

第五辑　京城走笔

北京·文化·思绪

北京这座城市，俯拾皆是文化。

幼年居住的胡同，名曰大兴。大兴在今天，是北京南郊的一个区，以出产最甜的西瓜著名。而当年，半个北京老城，都是大兴县的管辖。最早在明代文渊阁书目中，就有《大兴县图经志书》，可惜已佚失。清康熙二十三年（1683 年）编纂的《大兴县志》倒是还在，标明了当时的大兴县衙，就在今天的大兴胡同。胡同因此得名。县衙的具体位置，有人说就是今天北京市东城区公安分局的院落，但遗迹全无。只仿佛冥冥之中，有历史在延续着。

上了小学，记得校舍是老建筑，似庙非庙，印象最深的却是院子里森森然的古树。后来才知道，那里是南宋右丞相文天祥的祠堂，亦是他 1278 年兵败被俘后囚禁的土牢旧址。我们这一群浑不知事的毛孩子，由此在无拘无束的戏耍中，渐渐读懂了“人生自古谁无死，留取丹心照汉青”的沉重和慷慨。

我在小学五年级时转了学，新的学校叫校尉胡同小学。校尉，乃军队官衔，以官衔命名，一说是这里住过军官，一说是这里曾有某家军事机构。但这里更出名的，是曾经为雍正皇帝最疼爱的弟弟怡亲王的府第所在。怡亲王去世后，王府改作庙宇，曰贤良寺。我的新教室就是贤良寺的后殿。我们校长据说曾是贤良寺的主持和尚，新中国成立后主动将庙产捐公，他还做了哪一级的政协委员。不过我转学来到这儿的时候，他正挨着批斗，常见他在学生们的拳脚间惨笑。

写这篇小文时，校长的惨笑仍在眼前。查了查资料，贤良寺在清末曾寓居过许多大人物，如曾国藩，如李鸿章，还有康有为。然而这些名字尽管如雷贯耳，却总不如那位无名校长在我心底栩栩如生。

文化是一座城市的传承，有时却也是令人不忍直视的。

年轻时曾有一段时间在故宫博物院工作，似乎是攀上这座城市文化和历史的顶峰了。红墙黄瓦，蓝天白云，仿佛都是亘古不变的景象。曾在白雪遍地的冬夜，独自伫立在太和殿前的广场，深切体会到汪曾祺先生“感觉世界都是冷的，唯有我这里一点热”的心境。文化于我，也许就是在那一刻心灵相通了。

恐怕也正是由此，我在公安机关工作三十余年，仍然被人戏称不太像警察。其实我有一个感受，警察这个职业，是与他所在的城市息息相关的。不爱你的城市，不爱你城市的文化，你做不好一个警察。泱泱大国，每座城市每个乡村都有自己的文化。曾到过贵州的青岩古镇，很惊讶那一座古朴的门楣上斑驳的对联：“门前走车马，室内卧人文”。在那一刻，我想到，文化，是我们民族的血脉了。

前不久，在单位墙外散步，偶见树丛中一块不起眼儿的牌子，标明此地竟曾是始建于商代晚期的蓟城遗址。牌子上写道，上世纪五十年代，这里还有一座土丘，即是当年的蓟丘了。感叹中，不由得想起，公安部的机关大院里，有几处建筑也是挂了“国家重点文物保护单位”的牌子的。那是著名的淳亲王府，后来的英国驻华使馆。一座雕梁画栋的二层小楼，山墙上曾开了一道门，不伦不类的，据说是英国人曾把这里作过教堂。他们的文化，也是他们的传承，不远万里带到中国，今天为我们添了谈资。岁月荏苒，江山依旧，只是我们的思绪，更深了一层。

北京·文化·锣鼓

京剧伴奏离不开锣鼓，喜欢听的人是享受，不喜欢的人却只当它是噪音。我在电视上看学生京剧大赛，见有位评委问参赛学生：京剧的锣鼓场面是有表现语言的，你能听出来吗？这问题倒像是问我了。细想，文化到了博大精深的地步，文字和语言确实都显乏力，雷鸣电闪，燕语莺声，演员的圆场跑在锣鼓的节拍上，步步踏的都是一种心情，的确是无言胜有言的意境了。

有人说，在北京这样的城市，什么都是文化。这话却也不错。鸽哨悠悠，早已是北京的声音符号，深远，幽静，听到它就会让人感到安谧，难怪诸多北京题材的影片，都不约而同地用鸽哨烘托着情绪。但同样是鸽子，到了吴宇森手里却是杀戮的标志了，腾飞的鸽子只让观众头皮发麻。文化也许就是这样的，特定的景物加上心理的暗示，最终酿成的，是充满指向性的情感。

在北京人的眼里，伴稀粥的咸菜丝切的粗细，刚上市的黄瓜是否顶花带刺，马老板今天晚上是不是“铆上”了，都是文化。如果能就着细细的浇了花椒油的水疙瘩丝，和一盘清香的蒜泥拍黄瓜，喝下一碗热乎乎的新棒子面粥，然后打着饱嗝去听一场马连良的《失空斩》，这一天的生活，就是最满足的，是一种惬意，也是一种温馨。不要以为这种惬意和温馨只是惬意和温馨，北京人是惯于举重若轻的。信手拈来的一句话，也许就会让你琢磨许久。有一天我从地铁出来，一时恍然找不准方向，见路边有位大爷跷着二郎腿喝茶，就上前问路。大爷看看我，在指给我道路之后说：听您这口音，不应该找不着北啊。满脸是善意的奚落。我暗笑，边走边想，找不着北，一语双关，在北京话里有骄傲、忘形之意。算是大爷的旁敲侧击吗？回头看，大爷那徐徐摇动的芭蕉扇里，分明是有厚重的东西在的。

这样的都市，京剧的锣鼓点里怎能没有丰富的语言。这样的都市，每一寸泥土都渗透了文化的芬芳。而真正意义上的文化，北京人最明白，不是填写在证书上的学历，是举手投足间的雅致。

读名人轶事。钱钟书先生去世之后，心仪杨绛的费孝通来看望杨绛先生。老太太送费先生下楼，淡淡说：楼梯不好走，你今后就不要知难而上了。这样的礼貌，遂成千古佳话。但要知道，在北京，不是只有文人才这样的。引车卖浆者，也有如此文雅和如此傲骨。我的外祖父，昔日燕京大学的一名普通采购员，说一口流利英语，在日本人占领北京时却拒绝做任何事情，至贫病交加而死。因此我读古文时，不食周粟的故事真是刻骨铭心的了。

文化就是这样的，说到底不仅仅是风花雪月，更是剑胆琴心。吴宇森喜爱鸽子，也是寓情于物吧，还是中国人的情怀。我却更喜欢咀嚼梅特林克的一段话：在星期日不去酒店喝个醉，却只安静地待在他的苹果树下读书的农民；厌弃跑马场的纷扰喧嚣却去看一场高尚的戏或者只度过一个宁静的午后的小市民；不去街上唱粗俗的歌或哼些无聊的曲子，却走向田间或者到城墙上看日落的工人。他们全都把一块无名的，无意识的，可是绝不是不重要的柴薪投进人类的大火之中。

这才是文化。这才是蕴藏在京剧那丰富的锣鼓点之中的普通而伟大的语言。这样的语言，在今天充斥屏幕的庸俗电视剧里大概找不到了，却在人间顽强地生存。

北京·文化·邻居

一座城市的文化应该是多姿多彩的，例如北京。想想看，如果只有皇宫的巍峨，没有后海的静谧和老天桥的喧闹，北京能成其为北京吗？如同一棵树，有繁茂的枝叶而没有根系，终不能成为景致的。

说到老天桥，这几年常听到恢复的呼声或议论，到底也没有见到成果。文化的逝去，说恢复是极其难的事情。何况老天桥的精髓是人。是北京人，是老北京人的精气神儿，造就了曾经的老天桥。而人的某种特质失去了，不是像灾后重建那么简单。报载，天桥现在已经复建，但碍于各种实际困难，这座新桥已不在原来的位置上。这倒像是预言了，新桥不过是旅游景点，不再是人文象征，更不是精神所系。

老北京人到底曾经是一种什么气质，这些年也颇有些讨论。我是才疏学浅的，从来和所谓理论有着隔膜，所以更多的记忆里，只是有我的那些老邻居们。如有一位盲目的老太太，我总是在去公共厕所的路上碰见她老人家。一个只能上公共厕所的老人当然不是富人，但她衣着的干净整洁绝不让你想象到她的寒苦。她还是小脚，近百米的路途上她总是步履艰难，特别是在雨雪交加的天气里。但在我的印象中，从没有人搀扶过她，邻居们都是大声叮嘱她走好，然后目送着她去厕所。我很理解的，这不是冷漠，而是尊重，因为老太太脸上谦和的微笑是不容你去可怜她的。

这就是一种气质了。她的坦然和从容，还有邻居们的那种分寸感，都是老北京人所特有的，是千百年耳濡目染的结晶，是这座城市深入骨髓的文化底蕴。又想到另一位老人了，他应该说不是我的邻居，而是我一位长辈的房东。他在我的长辈租住他的房子时只提出了一个条件：我这儿有寡妇儿媳，您住这儿夏天可不能光膀子。这要求今天听上去是陈腐，但在当时是教养。这位老爷子并不是读书人，只是个土地主，在我长辈的讲述中给我留下印象最深的，是每年秋后顺义乡下长工给他用马车送来的大堆玉米芯，供他冬天烧火用。

文化和人的最终关系，谁是鱼谁是水，是分不清的，其实更像是鸡和蛋，迂腐的哲学家们总是争论先与后的问题，却忘了它们说到底就是一个生命的两种存在形式。

还有位邻居小名儿叫六十，因他出生于他的祖父六十大寿的那一年。六十，在这儿要加儿化音，读作六十儿。六十儿犯过错误，劳教过两年，因此在我眼中有一点神秘感。是六十儿屋里的几十个蛐蛐罐，让我和他亲近起来。他告诉我什么是过笼儿，什么是须子，什么时候要给蛐蛐喂蚂蚁蛋，怎样给蛐蛐洗澡，等等。他是个很淡定的人，表情里全没有因挫折而产生的沮丧，更没有现代年轻人常有的浮躁。他的这种镇静融化在他的亲切里，而他的亲切又来自他的这种镇静。镇静的亲切是每一个老北京人的常态，他们使北京也成为一座处变不惊的城市。

大院里有一棵枣树，属于六十儿家，每年吃到枣的，却是全院所有人。秋天到了的时候，六十儿会认真地把枣分配给大家，包括谁家刚满月的孩子。枣的产量有大小年的，所以那分枣的工具，去年是碗，今年是盆。

其实大多数老北京人的生活是拮据的。直到今天，他们中的许多人仍然平淡地生活着。他们大多已随着旧城改造搬到曾经是乡野的地方去了，远离了天安门广场，也远离了三里屯和金融街。陪伴在他们身边的，也许只是一条杂种小狗。我常站在我熟悉的街头，却有恍惚之感，因为我已很少能听到节奏明快的北京话了。

但我知道，他们一定仍然快乐地生活着。因为老北京人天生就是快乐的。我的父母参加工作早，我家的生活在当年的胡同里算是富裕，豪爽的姥姥就成了胡同里许多邻居的债主。有个穷邻居欠了姥姥钱，姥姥去讨债，她笑嘻嘻地说：您来了？您先给我拿五角钱，我给您弄包茶叶去。这分明是抵赖了，可也有一种幽默和豁达。姥姥的钱当然是要不来的。我不记得这个女人的名字，只知道姥姥叫她煤铺的，因为她的丈夫，是个摇煤球的。

现在，任何一个老北京人也喝得起张一元的茶叶了，所以，他们只会更幽默，更豁达，也更自信。他们抑扬顿挫的话语，和来自天南海北的语言一起，让北京这座迷人的城市和这座城市的文化，更加的色彩缤纷了。

细碎的北京倒影

每个人都会对一座城市做出评价。这评价来自他对这座城市的印象。不管这印象是粗糙还是细致，是他走下高铁时的第一感觉，还是从旅游书籍上读到的溢美之词。这印象当然也会改变，改变缘于深入。例如我初到浙江湖州，第一印象是秀美。后来去得多了，印象里便多了一个词，是文化。随后，和湖州朋友更多了接触，便又有了新的印象，就是和谐。细想想，秀美是说景色，如人的外貌。文化是说底蕴，印象来自赵孟頫和湖笔。而和谐，是说某种品质了。印象由浅入深，认识由表及里，符合认识论。

湖州小巧美丽，形容起来当然容易，若说北京，却是复杂多了。说到第一印象，也许就是北京的大，常常让外地朋友疲惫不堪。常听他们感叹：在北京一天办不了一件事，光跑路了。感觉来北京出差，已经成为他们的畏途。而这庞大，却是北京人的一种骄傲。在北京人和上海人的争执中，在上海人夸耀自己城市的繁华之后，你会听到北京人说：你上海有什么好？楼倒是高呢，就是像插在筒里的筷子，挤得不得了。哪像咱们北京啊……后面的话不说了，脸上的神情，是居高临下的复杂，有点爱，有点恨，又有点不往眼里夹的傲气。

北京的大，其实还体现在另一个方面，即北京人的心胸开阔，也就是所谓的大气。城市大了，心胸自然大。心胸开阔的人，从理论上说，也许才管理得好这样的大都市。但什么事物都有两面性的，心胸开阔，眼界开阔，看待事物就总有些不往心里去的态度。外地朋友批评北京人的，就常说到北京人的大大咧咧。北京人自己也承认的，但承认时的态度，也还是大大咧咧的：嗐，咱们北京人，就是不小心眼儿。

在北京，也确实常常有些“不小心眼儿”让人诟病，如那座庞大的，外地司机上去就转不下来的西直门立交桥。

其实说起来，老北京人是很有些细腻心思的，在这座大都市里，他们活得精致，甚至矫情。邓友梅老先生的名篇《那五》，其中就有这样的细节：穷困潦倒的八旗后裔那五，喝棒子面粥时仍嫌咸菜丝切得不够细，奚落说是“跟顶门杠似的，怎么往下咽”。我家则有位老亲戚，也是旗人，装咸菜丝的小碗比福建人的功夫茶盅大不了多少。每顿饭，会摆上四五个这样的小碗：炝萝卜丝，腊八蒜，酱八宝菜，芥末墩，辣菜（现已失传）。没一样值钱，但没一样不精美。

大和小，开阔和细密，恢弘和精巧，其实是有某种辩证关系的。心胸开阔，处变不惊，也许才能从容地在细微处去下功夫。有人说：烹小鲜如治大国，大概说的就有这层意思。其实谁也知道，这句话是反说了，体现的是一种略带夸张的郑重。原话是治大国如烹小鲜，是举重若轻的内涵。其实，这就是辩证了。老作家赵大年先生，皇族，俗话说的“黄带子”，年逾八旬，仍然笔耕不辍。每晚九点余，赵家必定煎炒烹炸，老先生要饱餐之后写作。这样的创作状态，有些郑重其事，有些怡然自得，甚至有些孩童般的顽皮，却绝没有急功近利的浮躁。闻着赵家厨房飘出的香味，没人会想着问老先生在写什么，却都被什么感染得微笑了。

西直门立交桥上，绝没有这种从容。设计者当年的急躁，让今天这座桥上的所有人都急躁了。

因此，懂北京的，就会从那些恢弘中去捕捉细碎。这些细碎如同水面的倒影，风来了，就荡荡地碎成鱼鳞，一片片地闪着光，却是好像拼凑不成故事。而且，在喧闹的今天，这细碎更是被很多人视为弃帚，拾也不愿拾起的。

老北京饭馆里有道普通至极的菜品，名为摊黄菜，其实就是炒鸡蛋。但这个“蛋”字被视为不雅，北京人就把鸡蛋一律称为黄菜。一字之差，却是文明的某种体现。老北京还有个尊称现在已经几乎无人知晓了，就是“您”，专门用于对长辈的第三人称尊语，与您同义。和著名指挥家孟大鹏先生同席，从小在东单牌楼长大的孟先生感叹：一班跟他学合唱的孩子，没有人明白“结壁儿”（隔壁）是什么意思了。我想，不知道“结壁儿”倒也没什么，不知道“您”却是遗憾。这中间的苦涩，三言两语说不清楚。

“结壁儿”在许多词典解释中被认为是东北方言，其实在北京话里也是普通用语。这倒也是一种反证，证明了北京这座城市自古以来的包容。当年的鲁迅兄弟在北京久住，来自绍兴的文豪丝毫没有水土不服的隔膜，却是如鱼得水的舒适。其实征服他们的，既有北京的宏大，更有北京的细腻。“在我的窗前有两棵树，一棵是枣树，另一棵也是枣树。”鲁迅先生的这句话，曾让许多人不解，但细想想，也许就是先生对细节的强调吧，强调之中是一点怜爱一点宁静。

其实并不怪外地朋友对北京之大的埋怨，他们来去匆匆，满心是追逐某种目的的迫切。了解北京，起码要在故宫外的筒子河边，面对着秀丽的角楼，静静地看上半天河水。这时候，会有老人在你身边抖空竹，会有北京小妞儿从你身后跑过，会有安心看书的眼镜哥，也会有用纯粹京腔唠叨着儿媳妇的大妈们。这时候，你会忘记你要做什么。你会被一种气氛包围而变得有些慵懒。这时候，宏大的北京城就在你面前有了新的生息了，似乎有一双深邃的眼睛，慈爱地注视着我们。

北京警察

在职业的前面冠以地域的限制，有点像形容某种药材或果蔬。如淮山药，又如川橘和广柑。这首先当然是赞誉，然而在赞誉的背后支撑着的，是不同凡响的特性和品质，是多少代传承下来的一种公认的优秀。所以，我们现在说到北京警察，当然也是如此的，是说他们的荣誉，也是说他们有别于其他城市战友的某种特殊。

这种特殊首先当然来自特定地域，风土人情，山川河流，历史传承，都塑造着人的。苏州警察，自然不缺眉清目秀，会唱几句评弹的小伙子。陕西警察，也少不了家里家外一把好手，会做好面食的婆姨。前不久网络走红的一位新疆特警，是位惊如天人的哈萨克族美女。而北京警察，似乎顺理成章的，就是人们常说的“北京爷们儿”了。

还是举例说明的好。警察高，已经过了在一线搏杀的年龄，现在做的只是些案头的文字工作。有一晚，他在自家阳台眺望风景，忽见远处有幢楼房在冒着浓烟。他立刻回屋拨打了110和119电话，报了火警。然后，就回到阳台一边观察一边不停地给市公安局指挥中心打电话，问出警情况，毫不客气地批评指挥中心动作太慢，厉声呵斥那些接电话的年轻姑娘们。指挥中心领导是他的老熟人了，来电话解释情况，他毫不留情面地批评说，责任心啊，还是责任心啊。是很痛心疾首的语气。

高说这话有资格。他的抽屉里收藏着他当年的立功奖章。和奖章放在一起的东西，可就丰富多彩了。有精致的鸽哨，有薄薄的笛膜，有给鸟儿喂食的小瓷罐，也有他爱抽的关东烟叶。他很固执，至今不吸带嘴儿的烟卷，仍然像农民似的卷烟抽。

他酷爱音乐，吹也吹得，弹也弹得。还有个怪癖，喜欢深夜独自一个人在地下通道里过瘾，用箫吹个《平湖秋月》啥的。有人以为他是乞讨，会扔下几个钱，他就追上去还给人家。问他为什么，他说是家里房子小，吵老婆也吵邻居。

北京是座大都市，警察数以万计，英模人物也数不胜数。说起来，警察高只是沧海一粟吧。我却以为，他是值得在我笔下出现的一位。因为他的丰富，因为他的个性，也因为他的责任意识。如果给北京警察定义的话，我认为，丰盈的内心和坚定的意志，是北京警察画像中少不得的两种颜色。

不仅有高这样的老警察。警察吕，八零后，中国作家协会会员，九部长篇小说的作者。写过流行歌曲，组织过小乐队，精力充沛得像火车头。本职工作是经济犯罪侦查，常常打他电话，人却在外地甚至国外，蹲守或抓捕那些或贪污或诈骗的家伙们。电话里时常带出些所谓“京骂”，挟带着疾恶如仇的火气。

参加过为吕的一部小说召开的作品研讨会。小吕一身整洁警服，胸前是一枚奖章。那奖章倒是和警察高的那一枚一模一样。当时突然想起高的一件往事：老伙计参加过一次公安部组织的重大活动，领导接见时他也穿了警服的，胸前也郑重其事地佩戴了奖章。

这些年北京像海绵一样地膨胀了，不仅是城市规模，也指人口数量。理论家和管理者们议论纷纷的，利弊始终也说不太清楚。其实北京历来是宽容的，五湖四海的人都会在这里找到位置。在北京警察的队伍里现在已经有许多人不是像高和吕那样的北京土著了，他们来自祖国各地，融合在北京这个壮观的城市里，融合在北京警察这支强大的队伍里，像什刹海里的一滴水，像天安门前的一株草，在那里了，就再也无法分清你我。

而且，扎下根了，就是生命的一种永恒和传递。警察刘和他的夫人，都不是真正的北京人。他们留在了北京，把家也安在北京。他们的女儿小刘，应该算是真正的北京人了。这个我从小抱过的小胖丫头，现在却是北京市公安局优秀人民警察了，她的职业是专门在街头抓小偷。她刚刚干上这一行时，我给她父亲打过电话，埋怨说你怎能让闺女干这个？风里来雨里去的，还危险，要是男孩嘛，锻炼锻炼还可以。警察刘笑而不答。看来知女莫若父。

我还认识警察孙，警察陈，警察李……他们现在的口音里已经可以听到熟稔的儿化音了，他们已经可以用这种他们的第二乡音和社区的大爷大妈们聊得火热了。促使他们调整他们的口音的，是对这座城市的热爱，和一种责任心。

他们也渐渐认可了“北京爷们儿”这个称呼。来自南方的小伙儿，现在也喜欢上了二锅头的辛辣。四川的甜妹子，也觉得北京的川菜不是那么不正宗了。甚至，我的一位家在浙江的老朋友，现在很喜欢喝连许多北京人也退避三舍的豆汁儿。人融入环境的能力，其实来自他融入的需求和迫切，更深地说，来自于他价值观的提升和锻炼。北京这座城市，它的政治地位不言而喻，北京警察精神层面的“北京爷们儿”，责任意识是一种必然。

警察张，性格火暴，洗澡时用力过猛，竟然自己把自己的手指掰折了一根。这莫名其妙的伤害让人们大笑不止。张的工作岗位就在距天安门不足千米的王府井南口，于是他用张旧名片为自己的手指做了个简易保护，就开车上街巡逻了。我是在微信上看到他那根肿得像胡萝卜似的手指的。忍着笑打电话给他，他不接。事后回过来，批评我说：在岗呢，不能接，我那儿多重要啊。

在岗呢，是北京警察的一句口头禅。北京警察们说起来的时候，语气会是一种带着点骄傲的轻描淡写，是一种典型的“北京爷们儿”状态，大大咧咧的潇洒。警察高，在讲起他怎样批评年轻人的时候，是这样的。警察吕，在谈到他要抓的罪犯时，也是这样的。就连至今单身的女警察小刘，说到她梦寐以求的“男神”时，还是这样的，只不过略带了一分女孩儿的娇羞。唉，她毕竟是个姑娘啊。

数万北京警察，在北京这座大都市里，其实真如同大海里的一把沙。但是，这把沙是撒在人民的海洋里的，那就有了安宁的含义了。每一身深蓝色的警服，都如同一根定海神针，钉在他的岗位上，也钉在北京百姓的生活里和梦境里。想想，一个五彩斑斓的梦，若缺少了蓝色，也真是一种遗憾。

半个北京人

一位作家朋友，目前在鲁迅文学院深造。本该是去年冬天就来的，却对北京有恐惧，因为雾霾。但最终，还是抵挡不了诱惑，终于咬咬牙上了和谐号高铁。来了，却就不想走，现在每每在饭局里听到她称赞说，北京到底是好。

常常会在各种局里听见一句自我介绍的话：我是半个北京人。这话内涵丰富，所指很宽泛。最明确的，应该是说那些家乡在外地，却在北京生活工作多年的朋友。习惯了豆汁儿的酸和二锅头的辣，他们对北京自认感情深厚。还有一些朋友，父母双方有一方是北京人，另一方是外地人，自己生在了北京，便也声称自己算半个北京人。其实说到底，是哪里人本身并不重要，重要的是其中包含的那一份复杂的中国式情感，形成了一种文化现象，茶余饭后，很值得琢磨的。

中国人不同美国人。美国是个车轮上的国家，人走家搬，似乎感情也跟着走了。中国人却是落叶也要归根的。行万里路，心却在故土徘徊。美国人是射出去的子弹，中国人却是断不了线的风筝。在心底沉淀着的，和在眼前活跃着的，常常就搅成团了，半个北京人的自我评价中，就蕴藏了太多的东西。

中国文化沉淀深厚，中国人的情感也就厚重复杂起来。说来说去，总是剪不断理还乱。这样说起来，那个作家朋友也可以算半个北京人呢。因为她尽管必定要回到故乡去，但北京在她的脑海中，一定会留下非常美好的印象。北京对于她来说，也许，今后就和家乡一样重要了。

说到底，北京这座城市，是有这个魅力的。它会让人魂牵梦绕，它会让人流连忘返，它会让你时时品味仿佛恋爱的感觉，它会让你不由自主地说出：我，是半个北京人。

即使你不是。即使你和我这个作家朋友一样，仅仅是短暂的客居北京。

其实一个人到底该算哪里人，有时候真的说不清。因为人的情感所系，并不纯粹以他的出生地为准。现代中国人也开始四海漂泊了，处处为家，感情也许是唯一能够随身携带的慰藉。台湾老作家林海音，出生在日本，童年在北京度过，后半生在台湾生活，一部《城南旧事》，却承载了她一生中最沉甸甸的一段。我还认识一位老者，从当年大学毕业就梦想到北京工作，却是始终不能如愿。三年自然灾害，十年“文化大革命”，岁月蹉跎而过，他先是在辽宁，后到上海，再后至苏州。事业虽有成，心结却难解，每次路过北京，总是心绪难平，甚至洒泪在长安街上。

真的是动情。一座城市和一个人，那时那刻，纠缠得如同一团拆解不开的乱麻，扯哪一个线头，也牵着疼痛，也绞紧了心底的那个结。又如同母子间的那一根脐带，终究要分离的，却会留下永远的疤痕。

当然，任何一座城市也会有它的钟情者，就像任何一个歌星，也有他的粉丝。但让人争先恐后地宣称自己是这城的一半，也不是哪里都够资格的。还是说，北京是有这个魅力的。和一位搞诗歌研究的江西籍教授吃饭，他感慨说：要说生活，北京当然比不得小城市舒适，要说做事，却又只能在北京。教授著作等身，桃李满天下，他说的做事，当然与文化研究有关。在教授的眼睛里，北京就是诗歌的海洋，是诗人的聚集地，更是他翱翔的那片天。说到底，还是文化的积淀。而我的那位作家朋友，留恋的当然也是北京的文化氛围了。在她的微信里，看到她在博物馆徜徉，看到她在图书馆阅读，看到她在天安门前留影，当然，也看到她在南锣鼓巷品尝着老北京的奶酪，而且，是在雾霾中。

北京确实是一座文化的都市。文化才具有真正吸引人的魅力。即使是商业气息浓厚的大上海，你能听到人们称赞的，也是它的文化，是它的石库门和它的沪剧。只有文化，才能真正打动人心，深入人心。在这一点上，北京当然要略胜一筹。

胜就胜在丰富。且不说别的，元明清三代国都，就是满、蒙、汉三族文化的集中和相融。如果再往前说到金，那就更是多姿多彩。胜就胜在包容。时至今日，南来北往，谁也不会在北京感到不舒服。元代留下来的涮羊肉虽已成为北京的招牌，却也与马克西姆的法餐和平共处。胜就胜在活力。而这活力就来自丰富和包容。丰富，让包容有了自信的底气；包容，使丰富更加丰富。北京的文化状态，就在这样的氛围中永远欢腾前进，让全中国的人民，乃至全世界的朋友们，都会自豪地在各种局中争先恐后说，我是半个北京人。更有甚者，在征婚节目《非诚勿扰》中看到一个欧洲小伙子，竟然面对着美女们赌咒发誓说，相信自己的前世，一定是个中国人，北京人。

也许有人会说，北京是首都，当然得天独厚，别的城市比不得的。其实不尽然。文化和人类的进步同行，已经是人类进步的标志。文化无处不在，与人类的生活、生产息息相关。哪一座城市也有自己的文化，哪一座城市也有吸引人的地方。城市也好，国家也罢，最终征服人的，其实往往不是政治，而是文化。让人心甘情愿地说出我是半个北京人的，绝不可能是北京市政府的一道什么指令，而是渗透在北京血脉中的文化。

走过许多小城市，也常常感叹它们深厚的文化底蕴。如为伏羲故里的甘肃天水，如为赵孟頫故乡的浙江湖州。突然想到，北京其实也就是今天中国文化长卷上的一个亮点罢了，如果没有天水，没有湖州，没有敦煌，没有吐鲁番……北京，也许就不是今天的北京了。

是中国文化的博大精深，养育了北京。是来自天南地北的中国人，建造了北京。因此，你不要再说你是半个北京人了，你，就是中国人。